Le trio d'amis à Chambéry. De gauche à droite : Charlot, au centre Pétrus, et Julot (Georges Gerra).

© Jean-Charles Déronzier

Cette année,
les pommes sont rouges

GEORGES GERRA & LAURENT GERRA

Cette année, les pommes sont rouges

« C'était la drôle de guerre de mon grand-père »

RÉCIT

J'AI LU

À la mémoire de mes grands-parents
Yvette et Georges.

Tout commence par un simple carnet de la taille d'un cahier d'écolier, aux lignes régulières, dont Laurent Gerra ne s'est jamais séparé et auquel il a toujours accordé la première place dans son cœur. Il s'agit du journal de guerre de son grand-père, qui l'a écrit sous ses yeux, à la main, de sa fine écriture.

Avec quelques ratures ici ou là, le texte a été rédigé d'un seul jet, comme un récit qu'on porte en soi depuis trop longtemps. C'est vif, piquant et toujours émouvant, simple mais haut en couleur.

Puis ce grand-père est mort, à moins de 60 ans, alors que Laurent venait de fêter ses 10 ans. Lorsque sa grand-mère disparaît à son tour, bien des années plus tard, en octobre 2014, quelque chose se décide : il faut publier ce carnet de guerre. D'autant que le récit témoigne de la « drôle de guerre », comme on l'a appelée, vécue par tant de Français en 1940.

Voilà donc cet hommage vibrant auquel Laurent Gerra rend toute la puissance d'écriture par ses souvenirs d'enfance. Et voilà que revivent sous nos yeux un autre temps, une autre époque et l'irréductible complicité entre un grand-père et son petit-fils. Car Laurent Gerra a grandi auprès de cet homme qui lui a raconté sa guerre mais aussi la vie, les pouvoirs et les bienfaits de la nature et, sans le savoir, lui a mis le pied à l'étrier en lui offrant, un jour, son premier public.

Ce fut le déclic de la passion. Il n'avait pas 5 ans…

Le cahier

Depuis ma jeunesse, j'ai lu et relu les carnets de guerre de mon grand-père. Mais ils prennent aujourd'hui une autre portée dans la mesure où mon histoire familiale et celle de mon pays se recoupent. En cette année 2015, le pays commémore les soixante-dix ans de sa libération. Dans la France entière, l'ambiance est au souvenir. Partout, des discours, des célébrations, le même désir de faire revivre le passé pour comprendre l'enchaînement des faits, retrouver la mémoire de ceux qui le vécurent, écouter leurs voix. Dans le même temps où je retrouve le souvenir vivant de ce grand-père qui fut mon héros et dont une large part de moi-même a hérité, je revis ainsi l'histoire dramatique d'une époque dont nous sommes tous les fils.

Julot, c'était son surnom – je n'ai jamais su pourquoi puisqu'il s'appelait Georges – avait entrepris la rédaction de ces notes sur le tard. Ce fut quelques années après ma naissance, sans doute en 1972, vingt-cinq ans après avoir vécu les événements qu'il rapporte. Il les acheva le 10 février 1973, alors qu'une longue maladie commençait à le ronger. Tout était en ordre. Il avait consigné ses souvenirs, rassemblé les anecdotes dont le récit enchantait ses proches et faisait rire ses amis. Mais, avec ce cahier, il a sans doute voulu adresser un signe plus personnel : il a tenu à me dédier ce témoignage extraordinaire. Aujourd'hui, je ressens un honneur profond à le faire renaître. Car s'il est bien une chose primordiale à mes yeux, c'est le devoir de mémoire.

*

* *

Je me souviens avec précision des circonstances dans lesquelles il rédigeait ses souvenirs. La scène se déroulait toujours au même endroit, dans la salle à manger, face à la cheminée. Il s'installait au bout de la longue table, mettait ses lunettes et écrivait, pipe à la main, pendant un temps qui me paraissait infini. Moi, je l'observais religieusement et lui posais parfois des questions. Il me répondait comme il pouvait ; difficile de parler de la guerre à un enfant de 6 ans. Il reste qu'à travers ses récits j'ai eu très tôt conscience de cette notion de guerre. Et que, déjà, ce grand-père m'apparaissait comme un être formidable.

Pour écrire, il utilisait un ancien cahier de l'entreprise de transport dont ma grand-mère et lui assuraient la gestion. C'était une sorte de journal de route ou de commandes propre à chaque camion. La couverture marron était rigide et portait, rayé, le numéro du véhicule auquel le cahier avait été affecté avant de recevoir sa nouvelle destination : recueillir les notes de mon grand-père. Les feuilles possédaient une marge et des carreaux, et je me souviens que les premières pages avaient été déchirées. Julot avait collé à l'intérieur la photo où on le voit avec ses camarades de captivité et d'évasion.

J'aimais ces moments silencieux ; lui installé à la table, concentré devant sa feuille, moi assis sur une chaise, pas loin. Il avait le constant souci de me ménager. Par exemple, il s'était mis à la pipe en ma présence parce que la fumée de ses cigarettes, des Gauloises au goût très fort, me faisait vomir. Pour me récompenser de ma patience, il m'autorisait à faire quelques dessins avec lui à la fin du précieux cahier. Ils y figurent encore. Lui dessinait des stères de bois, des fleurs, des personnages avec des calots. Puis il me racontait des histoires qui me ravissaient mais dont j'ai perdu le souvenir.

Quand il avait terminé, il rangeait le carnet dans l'un des tiroirs situés au milieu du grand buffet ; un meuble assez lourd, de style rustique, comme on en trouvait à cette époque dans beaucoup d'intérieurs campagnards. Puis nous reprenions nos activités normales. Mais moi j'allais régulièrement ouvrir le tiroir pour regarder le carnet dans lequel mon grand-père passait tant de temps à écrire. J'avais du mal à comprendre ce qu'il contenait. Je me souviens que ma grand-mère en était très fière ; comme d'ailleurs de toute la personne de mon grand-père.

*

* *

Le cahier est resté pendant de longues années dans le même tiroir du buffet. Je le feuilletais régulièrement, avec respect, jusqu'au moment où j'ai été en âge de le lire. Les récits qu'il contenait m'ont alors fasciné. Je découvrais les détails d'une vie aventureuse dont je n'avais eu auparavant que de vagues aperçus. Ma grand-mère partageait mon enthousiasme. Elle disait régulièrement : « Un jour, il faudrait le faire éditer. » Il circulait un peu, comme une relique, parmi les membres de la famille, les amis, les voisins. Tous voulaient en connaître le contenu et retrouver les aventures extraordinaires que mon grand-père aimait à raconter. Ma grand-mère et moi ne le confiions qu'après mille recommandations de prudence. Nous l'avons toujours récupéré.

Les amis lecteurs n'étaient pas les seuls à porter sur ce texte un regard enthousiaste. Alors que Julot nous avait quittés depuis des années, j'ai eu un professeur d'histoire en première, au lycée Lalande à Bourg-en-Bresse, (seul lycée français titulaire de la Médaille de la Résistance), monsieur Paul Perdrix, avec lequel je me sentais en confiance. Je lui ai montré le carnet pour recueillir son opinion. Il l'a trouvé très intéressant, moderne, bien écrit, affirmant qu'il méritait amplement la publication. Je crois même qu'il tenta d'approcher des personnes de sa connaissance qui travaillaient dans l'édition, mais sans succès. Son enthousiasme ne m'a pas surpris. Dans ses cours, monsieur Perdrix aimait raconter et faire revivre l'histoire. Cette même année, il m'a suggéré de m'inscrire aux épreuves du concours national de la Résistance et de la Déportation. J'ai suivi son conseil. Je suis arrivé second du département, ce qui m'a fait plaisir. Déjà, le désir de lutter contre l'oubli !

Monsieur Perdrix est aujourd'hui disparu. Il ne saura jamais que sa proposition d'édition, vieille de maintenant trente ans, est devenue réalité. C'est dire l'émotion qui m'étreint à l'idée de faire partager avec des inconnus cette « histoire vraie », comme mon grand-père la nomme en préambule. Mon ancien professeur fut ainsi le premier véritable historien à s'enthousiasmer pour les pages que vous allez lire. C'est pourquoi j'ai plaisir à lui rendre hommage.

*
* *

Peu de temps après, pour mon vingtième anniversaire, ma grand-mère m'a remis le fameux carnet à la couverture marron en me disant : « Il est désormais à toi, comme ton grand-père l'avait voulu en te le dédiant. » J'ai ressenti une vive émotion. Par la suite je l'ai toujours gardé avec moi, le plus souvent en le rangeant dans ma table de nuit. Je redoutais de manière confuse qu'il vienne à disparaître, à la suite d'un événement brusque et imprévu comme un incendie ou une inondation. J'avais même peur de le confier. D'ailleurs il n'est jamais sorti de chez moi, dans l'Ain, et je ne l'ai jamais apporté à Paris lorsque je suis venu y vivre.

Il y a huit ans, lors d'un portrait télévisé qui m'était consacré, Patrick Sabatier m'a fait la surprise de m'offrir une centaine d'exemplaires d'une édition de ce même carnet qu'il avait fait faire à mon insu. J'étais tellement bouleversé que je me suis mis à pleurer devant les caméras.

J'ai conservé précieusement l'exemplaire qu'il m'avait remis.

Évidemment, et c'était là le sens de l'émission, personne ne m'avait prévenu de cette initiative. J'ignorais donc comment Patrick avait réussi à mettre la main sur ce carnet et à reconstituer cette histoire qui m'était si personnelle. Je l'ai récemment appris. C'était lors d'un déjeuner, le 27 juin dernier, avec Franck Saurat, le producteur de l'émission. Il m'a confié que c'était lui qui avait eu l'idée d'interviewer ma grand-mère pour faire ressurgir ce détail de ma vie dont très peu de personnes, en dehors de mes proches, avaient eu connaissance. Elle avait alors accepté de lui remettre le précieux document pour une édition limitée. Et c'est Isabelle, la femme de Patrick Sabatier, qui avait proposé le titre qu'il porte aujourd'hui : *Cette année, les pommes sont rouges*.

LE CARNET DE GUERRE

* *Les croquis sont de la main de Georges Gerra.*

Enfin une histoire vraie sur la guerre 39-40 par un conscrit de la classe 39 – 1er contingent

Nous sommes en 1936. J'ai 17 ans. Je travaille à Bellegarde, ville ouvrière du Haut-Bugey. Mon père est un petit fonctionnaire, chef de gare à Châtillon-en-Michaille.

Ayant échoué à mon brevet élémentaire et à un concours d'entrée à l'école de dessinateur au PLM à Chambéry, je suis obligé de prendre une décision.

Les usines de Bellegarde m'ouvrent leurs portes toutes grandes. On est en 1936. L'apothéose du grand Front Populaire. Le travail ne manque pas. Sitôt embauché et bien avant d'avoir touché la première paie, le délégué du personnel vous a déjà refilé votre carte de la CGT avec le premier timbre.

Ça, c'est du boulot.

Cette fameuse carte vous donne droit à tous les défilés avec pancartes, et le fameux slogan : « Du pain, du pain ! » Puis, on s'égosille sur *L'Internationale* à en avoir la gorge râpée. Et c'est les discours ronflants. Exemple :

— Nous, communistes, nous ne faisons pas partie du cartel des gauches. Ce que nous voulons, c'est le pain, la paix et la liberté...

Là, bravos fournis, et ça repart de plus belle :

— ... Camarades, le moment est venu... » Encore des bravos...

— ...De travailler ! »

— Salaud », ponctuait Monod, mon copain.

Hélas, tout a une fin.

Lorsque nous avions bien su marcher au pas dans les défilés, les poumons biens formés par les chants patriotiques, nous étions prêts pour la grande mascarade, malgré les accords de Munich.

De l'autre côté du Rhin, le petit caporal Hitler – on l'appellera Adolphe pour les intimes – commence à faire des siennes.

Il allait voir ce qu'il allait voir ce petit orgueilleux. On devait n'en faire qu'une bouchée.

C'est à partir de cet instant que, pour un conscrit de la 39 – 1er contingent, va commencer la plus drôle des guerres.

*

* *

Incorporé au dépôt 145 à Bourg-en-Bresse, et versé au 5e tirailleur.

Après une semaine de « Un, deux ! / un, deux ! », « À gauche, gauche ! », « Armes sur l'épaule droite ! », un copain me dit :

— Fais-toi inscrire aux cours de radio pour rentrer à la CHR (Compagnie Hors Rang), tu ne seras toujours pas en première ligne lorsque tu monteras à la riflette.

Et me voilà prêt à suivre les cours de radio. C'est vrai que nous avons la planque.

Plus de marches à pied.

Plus de maniements d'armes.

Des cours. Nous apprenons l'alphabet morse.

Cotin, dit Coco, chef instructeur.

Vermorel, dit Clo-Clo, caporal instructeur.

Déronzier, dit Charlot, premier radio.

Pétrus et moi, radios tout court.

Dans cet ordre, nous sommes fin prêts pour monter au front avec notre poste ER17[1].

Cela ne nous fait pas peur. Surtout qu'à ce moment-là, il y a le théâtre aux armées. Quelle chance pour moi, jeune provincial, de voir sur des tréteaux monter en première ligne des vedettes que je ne connais que de nom.

Hélas, nous, conscrits du 1er contingent de la 39, nous n'aurons jamais connu ça. Nous avons cinq mois de classe. Nous sommes prêts en radio : ta-ti-ti-ta-ti-ta, fin de l'émission. Je connais ça par cœur.

C'est dommage, je n'aurai même pas à m'en servir. À la première attaque allemande, nous avions perdu le PC du colonel et le PC du général. Et à la deuxième, les Stukas avec leurs piqués impressionnants nous l'ont cassé, ce joli poste ER17 que l'on bichonnait tant.

Nous sommes toujours à Bourg-en-Bresse, à la caserne Aubry.

Le samedi soir, on va se taper un bifteck-frites-salade Chez Brichon pour 4,50 F. Le dimanche, nous allons au cinéma, ou voir un match de rugby.

---

1. Voir photo p. 158. (*N.d.É.*).

J'aime ça.

J'ai vu un commandant féru de ces matchs, qui, tout en regardant le déroulement de la partie, tripotait un bouton de sa capote et l'arrachait en signe d'allégresse lorsque l'essai était marqué par les Violets[1].

Heureusement qu'il y a une petite équipe à Bourg.

Mais « ça se gâte », comme dit mon ami Charlot.

1. Couleur de la tenue des rugbymen de l'Union sportive bressane.

Au front à vingt ans à Rethel

Le 10 mai 1940. Le petit caporal Adolphe a envahi la Belgique. On a été obligé de démonter les tréteaux du théâtre aux armées sur la ligne Maginot. Paraît que ça gênait le tir des mitrailleurs et des canons.

Un beau soir, grand branle-bas de combat à la caserne. Nous partons pour le front.

Pour moi va commencer une guerre qui va durer trois jours de première ligne ; le reste en débâcle organisée, ayant pris position dix fois sur des lignes de défense imaginaires.

Je n'aurai tiré aucun coup de fusil.

De nuit, nous nous embarquons en gare de Bourg-en-Bresse – destination inconnue – dans les fameux wagons « Chevaux (en long) : 8 – je n'ai jamais su pourquoi – Hommes : 40 » – ça, je sais.

Nous débarquons à Veuxhaulles-sur-Aube, petit village du côté de Chaumont.

Terminée la caserne ! Nous voilà, après cinq mois de classes, de vrais soldats. Nous avons notre roulante, notre fanfare. De temps en temps, nous défilons. Je pense que c'est pour ne pas perdre nos bonnes habitudes de 36-37-38.

Au fait, nous avons passé sans transition de *L'Internationale* à la *Sidi-Brahim* sans efforts. C'est vrai que nous faisons un effet terrible. Chéchia rouge. Flanelle rouge sous le ceinturon. Ça jette en jus... Veuxhaulles-sur-Aube en tremble surtout au passage de la fanfare du 108e RIA qui est au complet.

Pauvres musiciens si fiers ! Ils monteront au front avec des instruments flambant neufs, lesquels seront pulvérisés soufflés ou perdus tout bonnement.

Je ne sais si vous vous rendez compte : monter en première ligne affublé d'une grosse caisse ou d'un trombone ! Les plus heureux seront ceux qui jouent du fifre.

Après le défilé, c'est la détente. Tout le monde à la soupe où notre ami et cuistot Giboz à la roulante se défend comme un lion.

Extinction des feux et l'on s'endort d'un sommeil de plomb, lorsqu'à onze heures du soir, réveil en fanfare. On a parachuté des éléments de la 5e colonne dans les alentours du village.

Trois jours de guerre – le repli

Ils vont voir de quel bois on se chauffe. Sitôt dit sitôt fait. Un fusil-mitrailleur et dix hommes. Quatre sections. Et nous partons.

Nous n'avons pas marché plus d'une demi-heure que nous sommes perdus. Les autres aussi je pense car nous n'entendons absolument rien.

Tout à coup, c'est le tac à tac rageur du fusil-mitrailleur sur notre gauche.

C'est bon. Les autres l'ont tué le fameux parachutiste de la 5e colonne.

Nous rentrons au rapport. Toutes les sections sont là. On se renseigne pour savoir quelle section a tué le parachutiste. Baboud me dit :

— C'est la 3e qui a tué le parachutiste. Elle a tiré sur un âne qui broutait tranquillement dans un enclos.

Cette fois, c'est fait. Paraît que les Boches ont fait une trouée sensationnelle à Rethel. Qu'à cela ne tienne, nous sommes quarante mille hommes de troupes fraîches à aller la boucher cette fameuse trouée de Rethel. Cela ne traîne pas. Il faut faire vite.

Nous y serons.

Pas assez de camions. Tant pis, nous montons dans des ambulances. Paraît que c'est interdit. Peut-être, mais il faut parer au plus pressé.

Toute la nuit, nous roulons à tombeaux ouverts. Petrus, qui est à côté de moi, me dit qu'à cette allure, nous allons traverser le front sans nous en apercevoir.

Mais non.

Dans la grisaille du petit matin, nous débarquons légèrement fourbus à Bièvre. La première chose qui nous frappe, c'est qu'au loin nous percevons le bruit du canon, et dans le village il n'y a personne.

C'est ici que nous aurons notre baptême du feu.

— L'espionnage va très vite, me dit Déronzier. Nous sommes déjà repérés.

Et c'est vrai. Des avions viennent nous bombarder, des bombettes tombent deci delà simplement pour nous mettre dans l'ambiance. Mais l'instinct de conservation a joué très vite. Je me suis jeté à plat ventre dans les escaliers qui descendent à la cave d'une ferme, tandis que Pétrus s'est tout bonnement mis à l'abri d'une tôle au milieu de la cour.

Heureusement que les bombettes sont tombées dans les champs aux alentours. Mais ce n'est pas tout. Nous sommes au front et il faut monter notre ligne de défense de toutes pièces puisqu'il n'y en a pas.

Ce sera vite fait car le temps presse. Les fantassins monteront à un kilomètre du village. Nous, c'est vrai, nous sommes planqués. Nous restons à proximité. C'est le PC du commandant mais il faut trouver un emplacement pour monter notre poste ER17.

Avec Pétrus, Déronzier et Rontolon, nous partons en quête d'un emplacement pas trop loin du PC du commandant qui est dans une cave.

Il fait une belle journée. Nous sommes le 1er juin 1940. Il y a du soleil et, le plus naturellement du monde, nous trouvons un petit noyer. *Primo,* nous serons à l'ombre. *Secundo,* nous appuierons notre poste ER 17 contre le tronc de notre petit arbre.

Chose dite, chose faite : nous déplions le matériel. En deux temps et trois mouvements nous sommes en place. Prêts pour mettre le Grand Reich en pièces.

Rontolon nous parle de son pays où l'on fait un si bon fromage. Pétrus écrit à sa famille à Denicey, petit village tranquille du Beaujolais.

Déronzier a la sienne qui habite à Montréal-La-Cluse, petit bourg dans un coin du lac de Nantua.

Moi, je suis au poste ER17 les écouteurs sur les oreilles. J'écoute car il faut toujours être sur le qui-vive dans une grande guerre ; on ne sait jamais, des fois que nos généraux se soient ressaisis et que, comme en 14, ils nous remontent une ligne extraordinaire de défense sur la Marne, j'aurais bonne mine si je suis le seul à n'avoir pas pris l'ordre de rester sur place.

Mais pensez-vous ! Dans mes écouteurs, je n'entends que des ta-ti-ta-ti passant à une vitesse telle que je ne peux absolument rien prendre. C'est les postes schleus qui sont plus forts dans ce domaine.

Et un peu plus tard aussi, nous nous apercevrons de leur supériorité : ils sont plus forts que nous. Moi, je prends de huit à neuf cents mots minute ; eux, de mille trois cents à mille six cents mots minute. Pour des troufions, bravo.

Il est vrai que pendant que, moi, je défilais poing levé et chantais *L'Internationale*, eux bichonnaient déjà leur ER17.

Rontolon a l'oreille fine. Tout à coup, il nous dit :

— Attention les petits, j'entends un avion.

J'enlève mes écouteurs. Et si c'était encore les bombardiers ? Pétrus range sa lettre ainsi que Déronzier. Aucune importance. Elles ne partiront jamais.

Nous voilà tous les quatre à scruter l'horizon. Nous ne voyons rien, nous cherchons trop haut et trop loin dans le ciel. Ce ronronnement que nous entendons nous arrive à l'improviste juste au-dessus de notre petit noyer. C'est le Mouchard, ce petit avion promène dans le ciel sa croix gammée à une hauteur incroyable : cent mètres au maximum (ce petit avion de reconnaissance deviendra légendaire).

Déronzier, qui a plié sa bafouille, me dit :

— Non, mais ! Tu vois ça, Julot ? Nous, 1er contingent de la 39, quarante mille hommes, la « division troupes fraîches », se faire narguer par un si petit avion de la Deutsche Luftwaffe. C'est impensable. Je vais lui faire voir.

Aussi sec, il prend son Lebel modèle 14. Le meilleur paraît-il, mais un peu long, c'est encombrant. C'est pour cette raison que nous l'appelons l'arbalète.

Et voilà, comme ce petit avion n'est pas pressé, Charlot a tout son temps lorsqu'il repasse au-dessus de nous : pan pan et pan. Manqué. Comme au stand de tir et c'est parti mon kiki. À vingt ans, on t'envoie à la guerre, c'est pour quelque chose, non ?

C'est pas l'avis de Rontolon dont l'expérience a du bon.

— Bande de cons, vous allez nous faire repérer.

Et c'est vrai. Sitôt dit sitôt fait, il y a une demi-heure que le Mouchard est reparti, un ronflement ; tiens, une guêpe ? Bzzzz... passe au-dessus de nos têtes et flac, ça éclate.

Rontolon exulte :

— Je vous l'avais bien dit...

Il n'a pas le temps d'en dire plus. Tout le monde est parti à plat ventre, car un autre obus éclate plus près de nous.

Nous nous apercevons que notre petit noyer était très bien pour l'ombre mais un peu léger pour les obus.

Déronzier se fait engueuler parce qu'il nous a fait repérer. Il a beau se défendre, de dire :

— Penses-tu, le pilote n'a pu entendre le bruit de ma pétoire !

Rien. C'est sa faute, la sienne seule. Il faut un responsable, non ?

Les obus ne passent plus au-dessus de nous ni sur nous, mais tombent devant nous à cinquante mètres. C'est d'ailleurs sur cette cible que les artilleurs boches ont toujours tiré, mais ils étaient un peu longs... Le résultat ne se fait pas attendre. Nous voyons arriver en courant, blancs de peur, nos braves artilleurs.

C'est fini, on avait de l'artillerie, on en était fiers de ces cinq malheureuses pièces de 75. Il n'y en a plus. On ne va pas en faire une maladie. D'ailleurs, les artilleurs ne restent pas longtemps vers nous. Du moment qu'ils n'ont plus d'armes, à quoi bon rester ? Ils vont commencer à grossir ce qu'on appelle la retraite. Ce n'est pas une bonne raison. Nous, les jeunes, nous sommes venus nous battre. Nous restons.

Nous sortons nos pelles individuelles, et au travail. Au pied de notre petit noyer, nous nous fabriquons une petite casemate où nous descendons notre poste ER17.

Nous sommes parés.

La nuit est calme. Nous nous relayons aux écouteurs. C'est toujours le même ronronnement des postes schleus, qui, pour nous, passe à une vitesse supersonique. De temps à autre, notre première ligne nous téléphone. Un « Rien à signaler » qui nous laisse ronfler tout à notre aise.

Le lendemain, c'est toujours le calme plat. Le Mouchard est bien repassé une fois ou deux mais il n'a vu personne car au premier ronronnement nous sommes restés bien sagement au fond de notre tranchée-abri. Et Rontolon n'a eu aucune peine à dire à Déronzier de ne pas faire le couillon.

Il fait toujours beau. Pétrus va au ravitaillement. Giboz, notre cuistot, nous a fait de la poule bouillie. Il a fait dans le village une razzia de poulettes orphelines, pour changer un peu le menu. C'est bon.

L'après-midi, c'est la première attaque sérieuse : nous recevons un appel des postes avancés. Déronzier aux écouteurs nous fait signe de nous taire. Aussitôt, un silence religieux s'établit. Pensez donc, c'est le téléphone de la première ligne. Déronzier, les bras au ciel s'écrie :

— Hourra ! Deux prisonniers dans les postes avancés.

Et de nous expliquer :

— Une patrouille de deux Allemands descendant tranquillement à vélo a été surprise.

Pétrus court au PC du commandant, c'est une cave à cinquante mètres de notre poste. Cinq minutes plus tard, il est là. Il faut vous dire que notre commandant a fait la guerre de 14. Il est gonflé à bloc. Après le salut d'usage, il descend dans notre petit gourbi. Aussitôt, il demande à téléphoner à la première ligne. C'est bon, ça répond. Les deux prisonniers sont là. Le commandant donne des ordres impératifs le regard rayonnant :

— Enlevez-leur la veste, coupez les bretelles et les boutons du pantalon.

J'ai compris : c'est pour qu'ils ne s'évadent pas. En marchant, ils sont obligés de tenir leur pantalon.

Je vois le tableau.

Fier de lui, le commandant repart à son PC.

Ce sera tout pour aujourd'hui.

La retraite

Mais dans la nuit, ça se gâte.

Le canon tonne plus fort et plus près. C'est normal, c'est la guerre.

Au petit matin, ça s'aggrave. Ils pilonnent les postes avancés. De plus en plus, nous voyons passer des troufions qui se replient. Notre commandant est hors de lui. Nous avons une ligne de défense, nous allons la tenir, et aussi sec il se met au milieu de la place du village. Le mousqueton menaçant :

— On ne passe pas.

Et arrête cette honteuse retraite. Nous le comprenons, nous, les jeunes de la 39.

Hélas, personne ne passera sur la place où notre commandant monte la garde ; mais ils dévieront le village et, passant à proximité de notre poste, nous enverront quelques fleurs.

— Mais il est fondu votre vieux brisquard.

Non, pas fondu – mais lui savait : défendre la patrie, c'est se battre.

D'ailleurs, il restera avec nous jusqu'au 17 juin 40, date à laquelle nous avons été faits prisonniers à Sombernon, Côte-d'Or.

Le lendemain, l'attaque se précise. Les obus tombent de plus en plus nombreux. Notre ligne de téléphone avec les postes avancés est coupée. Nous partons réparer. Nous n'avons pas peur. Les obus tombent deçà delà. Mais enfin, ce n'est pas l'enfer de Verdun. Nous réparons et nous rentrons au poste. Le commandant arrive. Il ne rit pas.

— Demandez-moi le PC du général ! dit-il de sa voix calme.

Hélas, les ti-ta de notre premier radio restent sans réponse. Il n'y a plus de PC du général. Pourtant ils sont à cinquante kilomètres derrière nous. Le commandant n'en revient pas. Il est en colère.

— Passez en clair, dit-il d'un ton bref. (Pour les profanes, passer en clair signifie que même l'ennemi peut prendre le message qui n'est pas codé.)

Et de sa voix calme, il dicte :

— Envoyez-nous des tanks, des avions. Nous tenons.

Que de belles paroles ! De tout cela, nous n'avons jamais rien vu, et c'est le dernier message que passera notre joli poste ER17.

Les obus tombent de plus en plus nombreux. Nous en prenons aussi. Ils ont dû repérer le PC du commandant après notre fameux message.

Notre ligne avec les avant-postes a été coupée plusieurs fois.

Maintenant, c'est fini. Plus rien ne répond.

Notre belle chanson « Nous irons faire sécher notre linge sur la ligne Siegfried » en a un bon coup dans l'aile.

À minuit, c'est râpé, on se replie en bon ordre, emmenant nos blessés.

Nous avons des mulets avec une petite carriole pour mettre nos postes de transmission. Les Allemands ne tirent plus, on dirait qu'ils ont des antennes, ou savent-ils déjà que nous avons notre ordre de repli ? Ce qu'il y a de certain, c'est qu'à minuit pile, sur ordre de notre commandant, nous débarquons comme à l'usine. Pendant dix nuits, ce sera le même cinéma.

La première journée de retraite, nous perdons nos mulets, nos carrioles, nos postes de transmission. Victimes des Stukas. Encore une belle invention des Schleus.

La débâcle

Commence alors ce qu'on appelle en termes militaires la débâcle.

Pendant quelques instants, nous sommes atterrés. Nous revenons sur la route jonchée de débris ; les mulets, le ventre ouvert, gisent lamentablement ainsi que les carrioles.

Nous récupérons les fusils, les masques à gaz, les sacs, les bidons et les musettes. Ah ! Cette musette ! Elle me suivra jusque dans les stalags. Sans nous retourner, comme si nous avions honte, nous repartons à pied.

Chaque ronronnement dans le ciel nous fait frémir, et il faut faire vite à chaque fois que nous les entendons : nous courons nous mettre à l'abri d'un arbre ou d'une haie à cent ou cent cinquante mètres de la route. La vague de Stukas bombarde en piqués perpendiculairement à la chaussée encombrée de camions militaires, de charrettes, de nos malheureux réfugiés où tombent les bombes.

Le spectacle n'est pas beau à voir.

Allongés dans l'herbe, nous regardons voltiger l'armée française. Camions, chenillettes, et au milieu de tout cela les charrettes. Les chars-àbancs de nos malheureux réfugiés, les vieux, les invalides, les enfants restés sur place voltigent de la même façon.

L'alerte terminée, nous revenons à la route et nous repartons à pied avec un peu plus de piétons puisqu'il manque à l'appel pas mal de moyens de locomotion. Nous arrivons de nuit dans Sainte-Menehould.

Nous le traversons sans histoire.

C'est là que nous apprécions le champagne comme de vrais vainqueurs. Hélas, pas dans des flûtes, mais à pleins bidons. Quel gâchis !

Le lendemain, nous reprenons notre marche avant vers l'arrière. La fatigue se fait sentir malgré les bonnes lichettes de champagne. Les godillots commençant à nous faire mal aux pieds, nous décidons de faire halte sur le bord de la route. Nous sommes sur une petite proéminence qui domine la plaine champenoise.

Mes aïeux, quel spectacle !

Je n'ai jamais vu tant de soldats au mètre carré sur des kilomètres, « aussi loin que porte la vue » (comme dirait un grand écrivain). Je crois qu'il devait y avoir la moitié de l'armée française. Tous ces poilus qui marchent, boitent, les uns en pantoufles, les autres avec leurs godillots qui leur font mal. Pendant une heure, nous les regardons passer colonne par dix. C'est grandiose. Quel film ferait un bon metteur en scène avec tant de figurants !

Mon père aurait dit :

— Voilà l'armée de Bourbaki.

Des fusils, il n'y en a plus guère sur les musettes. Ah, ces fameuses musettes ! Elles ont à elles seules gagné la retraite.

Elles sont pleines à craquer de ce bon vin de champagne. Charlot me pousse du coude, et en rigolant, me dit :

— Tiens, là, regarde ! C'est un bon vieux troufion qui pousse une charrette de gosse avec tout son barda dedans.

On aperçoit le fusil, le bidon, et çà et là qui dépassent, quelques bons gros bouchons.

Un autre traîne un vélo à la main.

Il y a belle lurette que les passeurs ont disparu. Pensez, s'ils se replient depuis la Belgique. Il faut le faire.

Au guidon est pendue l'arbalète (entendez par là le fusil). Sur le cadre, musette et sac à califourchon comme un bas sur un âne. Et toujours ces fameux bouchons. Tiens, tout à coup, je vois un grand Sénégalais venir s'asseoir auprès de moi. Il n'a pas le sourire légendaire des hommes de sa race. J'essaie de le réconforter en lui parlant petit nègre :

— Alors ti te replie.

Dans un français impeccable, il me répond :

— Bien sûr. Je fais comme toi.

Il avait fait des études dans une école supérieure à Paris.

C'est bien la drôle de guerre.

*

* *

Vitry-le-François. Brienne-le-Château avec encore une attaque en piqué.

Des Stukas sont passés. Nous voici à Vendeuvre-sur-Barse. Nous nous dirigeons vers la gare pour essayer de monter dans un train.

Elle est pleine de troufions et de civelles lorsque nous n'entendons qu'un cri : les avions !

En moins de temps qu'il n'en faut pour le dire, tout le monde s'est volatilisé dans la nature.

Le vrombissement approche. Les fameux Stukas commencent sur la gare leurs bombardements en piqué. Cette fois, ce ne sont pas des camions qui voltigent mais des wagons et des locomotives.

Nous nous sommes jetés à plat ventre dans un remblai couvert d'orties. Nous ne sentons pas les brûlures de cette mauvaise herbe.

Tout à coup, nous entendons le « tac-tac » rageur du fusil-mitrailleur.

Je relève la tête, et là, je vois quelque chose d'incroyable : sur le toit d'un wagon, debout, face aux avions, un soldat, fusil-mitrailleur épaulé, tire sur ces semeurs de mort avec un courage incroyable. Je ne saurai jamais le nom de ce héros inconnu.

L'alerte passée, c'est fini. Et de prendre le train aussi. Tout le monde reprend la route colonne par dix.

Le téléphone arabe vient de passer dans la colonne. On va faire sauter le pont de Bar-sur-Seine, le seul qui reste, paraît-il.

Nous nous remettons en route, de plus belle. Les pieds nous font mal pendant quelques mètres, puis la circulation se refait petit à petit. C'est reparti. Ce n'est pas encore aujourd'hui que les Boches nous auront.

Sans encombre, à la tombée de la nuit, nous arrivons à Bar-sur-Seine. Le pont est intact. Nous n'avons qu'une idée en tête : traverser ce fameux pont. C'est fait. Mais quelle est notre surprise et notre joie de retrouver notre brave commandant qui nous accueille les bras ouverts.

Nous allons compléter sa section. Il est là avec cinq chenillettes. Toujours sur la brèche, il attend pour faire sauter le pont à minuit.

Nous sommes une poignée de débris du 108e RIA, quelques artificiers du génie, la CHR du bataillon ou ce qu'il en reste.

Détrompez-vous, ils ne sont pas tous morts, mais simplement perdus sur des routes de Champagne qui ne mènent à rien si ce n'est à la captivité.

Les artificiers sont en place ainsi que les charges de dynamite (on ne connaissait pas encore le plastique).

Il est neuf heures du soir, notre commandant nous fait rejoindre son PC. C'est un bistrot à cinquante mètres du pont dans lequel il ne reste rien, pas même une goutte de grenadine. Heureusement que dans nos bidons il nous reste un peu de champagne.

Nous avons trois heures à attendre. Nous allons en profiter pour faire une petite ronflette. Avec Pétrus, nous nous allongeons sur le billard, la musette faisant office d'oreiller, Rontolon et Déronzier dessous.

Rontolon, toujours aussi mère poule, nous fait ses recommandations :

— Vous êtes mal placés, si une pierre traverse le plafond, vous êtes foutus, cuits comme des raves.

— Bah ! On en a vu d'autres !

Et on s'endort.

À minuit moins dix, branle-bas de combat. Tout le monde debout. Les chenillettes sont prêtes. Maintenant, finie la marche, nous sommes motorisés. Les artificiers allument les mèches, et hop, en route. Je me rappelle même pas si ça a pété.

Cette fois, c'est fait, nous avons reformé notre petit bataillon.

Le commandant en tête du convoi dans un side-car derrière les cinq chenillettes bien en ligne. Cinq hommes par engin avec arbalète et masque à gaz. Plus musette. Il y a belle lurette que j'ai perdu mon sac et je me fais du souci pour la prochaine revue de détail.

Condemine conduit notre engin mais il faut toujours lui taper sur l'épaule pour l'empêcher de s'endormir. Nous roulons le restant de la nuit tranquille. Le jour revient avec ses emmerdements. Avec le bruit du moteur nous n'entendons pas le vrombissement des avions. Alors, têtes en l'air, nous scrutons le ciel à tel point que nous souffrons du torticolis. C'est un vrai soulagement lorsque la nuit approche. Nous nous arrêtons pour prendre position. C'est à l'entrée d'un petit village. Avec Pétrus, nous allons au ravitaillement. Hélas, le village, vide de ses habitants, a été pillé par les soldats affamés depuis longtemps. Nous revenons les mains vides, enfin pas tout à fait, puisque Pétrus a trouvé une paire de pantoufles qui s'avérera trop grande à l'essayage. Tant pis, nous nous endormons au pied des chenillettes. En dormant on oublie la faim.

À minuit, le ronflement du Grand Reich se rapproche. Nous décrochons et repartons commandant en tête dans le side-car.

Plus l'on se rapproche de Dijon, plus j'ai le cœur gonflé d'espoir. Je revois Chalon-sur-Saône, Mâcon, Bourg, Châtillon-en-Michaille.

Hélas ! j'attendrai trois ans de les revoir.

Ce n'est plus une débâcle. C'est une course de vitesse.

À chaque arrêt, c'est toujours la même chanson. Les Boches sont ici. Les Boches sont là. Bref, ils sont partout. Même dans le clocher de Montbard, mais là, c'est la 5e colonne. Celle qui a fait tant peur avec si peu de soldats.

Alors, comme nous sommes armés, nous allons les déloger de ce clocher. Pour ma part, je ne participerai pas à ce fait d'arme, ma culasse a dû rouiller et je ne peux plus armer mon arbalète.

Mes petits copains, eux, s'en donnent à cœur joie et, pan-pan-pan, on voit l'impact des balles de chaque côté des fenêtres. Je ne voudrais pas être méchant, mais je crois bien qu'ils manquent les ouvertures béantes du clocher.

C'est les dernières salves, en petit feu d'artifice. Comme personne ne répond dans le clocher, nous pensons avoir tout massacré, et l'on repart. Finis les grands faits d'armes, la grande cavale se réduit. De plus, nous approchons de Sombernon. Nous voilà sur la place, le commandant fait arrêter les chenillettes. Nous sautons à terre pour nous dégourdir les jambes. Sur notre droite, il y a des camions de l'armée française. Nous avons le ventre creux... Si l'on trouvait un peu de ravitaillement, il serait le bienvenu.

Mais alors que nous approchons, nous voyons bouger une bâche. Tiens, deux têtes casquées passent à l'arrière du camion. « Coucou, c'est nous ! » De vrais Allemands. Nous en avons le souffle coupé. Notre commandant ne perd pas le nord et réagit aussitôt :

— Faites-les prisonniers, dit-il.

Je prépare mon couteau pour leur couper les bretelles. Mais non, il est blasé ; il ne donne pas cet ordre.

C'est marrant, ils n'ont pas peur. Au contraire, ils ont l'air confiant. Cela me surprend un peu.

De toute façon, nous ne sommes pas là pour faire des manières, nous sommes toujours en guerre que je sache.

Ils montent (les Allemands) sur la première chenillette, bien encadrés.

Nous repartons, presque fiers – hélas, pas pour longtemps.

Au bas d'une descente boisée, à quelque cinq cents mètres, nous tombons sur une colonne blindée camouflée à l'entrée du village.

C'est nous qui sommes prisonniers. Voilà pourquoi nos deux lascars ne se faisaient pas de souci.

La guerre pour une poignée de braves du premier contingent de la 39 est finie.

Pour comble du malheur nous tuons notre premier Boche à la dernière minute de cette Drôle de Guerre.

Après nous avoir désarmés, un brave Teuton, pour nous montrer que la guerre était bien finie pour nous, prend une de nos arbalètes par le canon, et paf, contre un platane pour la casser.

Mais l'arme était chargée. Il y avait une balle dans le magasin qui le tua net.

Lorsque nous sommes tous réunis, nous nous apercevons qu'il en manque deux : le chauffeur du side-car et notre commandant. J'apprendrai bien plus tard, en rentrant d'évasion, que notre brave commandant, en apercevant la colonne blindée allemande avait fait demi-tour échappant ainsi à l'humiliation d'être prisonnier.

Captivité

Finie la gloire.

Je repense à mon commandant de la guerre de 14 :

— Envoyez tanks et avions. Nous tenons.

Il a cru au père Noël.

Maintenant, nous sommes prisonniers mais pas la tête basse. Les états-majors ne nous ont rien donné pour nous défendre. Nous les haïssons. Si Adolphe à ce moment nous avait dit :

« Nous partons tous ensemble envahir l'Angleterre », ce serait fait.

Dire qu'après cette guerre, il a été distribué une montagne de médailles ! Je souris doucement en les voyant arborées sur des poitrines soutenues par de bonnes jambes.

Pour ma part, je n'ai même pas demandé ma carte de combattant : j'ai honte.

Prisonniers deux ans et demi

Le 17 juin 1940. Parqués comme des bêtes dans la cour de l'école de Sombernon, nous reconstituons notre section.

Cotin dit Coco, Vermorel dit Clo-clo, Déronzier dit Charlot, Pétrus et deux nouveaux : Bertrand et Campos. Pour vous servir : moi, Julot.

Nous allons vivre comme des frères de misère pendant 912 jours, date de notre évasion du stalag VI G en Allemagne.

Avant d'entrer dans la cour d'école, nous avons été fouillés, délestés de nos couteaux, canifs, rasoirs et montres. Moi, on ne m'a rien pris, du moment que je n'avais plus rien, si ce n'est ma musette et ma toile de tente.

Campos, le dernier à passer, arrive vers nous en faisant un geste et en baragouinant :

— *Franzose tochté tochté*. Je sais déjà parler allemand, nous dit-il.

Cela veut dire :

« Français, tout jeter, tous jeter. »

Compris. Comme il arrive toujours des prisonniers, nous sommes obligés d'envahir le jardin qui jouxte la cour d'école. Tout ce qui est verdure fait plat de résistance : choux, carottes, pommes de terre, nous mangeons tout : feuilles et légumes crus. Tout cela est nettoyé en deux temps trois mouvements. Il y a exactement trois jours que nous n'avons rien mangé.

À côté, il y a un autre jardin. Hélas ! Nous n'avons pas le droit d'y toucher, il est français, les propriétaires se sont déjà plaints à la Kommandantur. La collaboration a commencé.

Après deux jours de ce parcage, un beau matin, nous partons pour Dijon. Et en avant, on repart en avant, mais à l'envers. Les jambes sont molles mais comme nous ne sommes pas surchargés, ça va. À dix kilomètres de Dijon, halte ; nous allons passer la nuit dans un chantier de marchands de matériaux. L'esprit d'équipe se dessine, nous avons repéré un tas de tuyaux et allez, on s'enfile chacun dans le sien, nous allons dormir. S'il pleut, on sera toujours à l'abri !

Au petit matin, il fait frisquet, surtout que le manque de vitamines commence à se faire sentir. Rassemblement, départ pour la caserne de Dijon ; la faim nous tiraille l'estomac mais il faut marcher, les traînards n'ont pas sommeil paraît-il.

Nous arrivons à la caserne. C'est déjà plein à craquer. Nous sommes obligés d'établir notre petit camp à la belle étoile et sur les pavés de la cour. J'ai bien étendu ma toile de tente sur ces fameux pavés, mais ils sont tout de même un peu durs. La musette sert d'oreiller. Les réveils sont pénibles avec l'estomac dans les talons.

On ne mange toujours pas bésef mais nous tenons le coup ; dans la journée, avec Déronzier et Petrus, nous nous promenons dans la cour et allons jusqu'à la grille pour voir ce qui se passe à l'extérieur. Notre surprise est grande de voir des Dijonnais apporter de belles miches de pain moyennant finances. Pétrus retourne à notre petit cantonnement pour demander de l'argent à notre chef Coco. Tout a été mis en communauté, c'est lui qui tient la caisse.

Il est neuf heures du matin. Avec Déronzier, nous avons repéré notre sauveur, il va nous rapporter du pain, quelle aubaine ! Pétrus revient avec un billet de cinq cents francs. Il est donné à un bon Français et l'attente commence derrière la grille : 10 heures, 11 heures, 12 heures. On commence à avoir mal aux jambes debout derrière cette grille mais il faut attendre de peur de perdre notre pain. On rêve… Il nous donne des ailes. 1 heure, 2 heures, 3 heures, 4 heures, 5 heures, 6 heures, 7 heures, 8 heures. C'est fini. Les ailes sont coupées. Démoralisés, nous revenons à notre petit camp. Il ne nous reste plus qu'à dormir en pensant que, peut-être le lendemain, nous aurons nos belles miches de pain. Hélas, elles ne nous tiendront au ventre qu'en rêve, ces belles miches.

Je voudrais que ce bon Français se reconnaisse dans ces pages.

Autour de nous, il y a une équipe de petits Chinois qui s'amusent comme des fous. Ils ne semblent pas souffrir de la faim. C'est vrai, ils mangent du blé dénaturé. Nous, on n'ose pas ; nous pensons que c'est du poison.

Départ direction camp de Longwy. 40 000 prisonniers. Nous y sommes, établissons notre quartier général dans la salle de cinéma, entre les travées de chaises. Nous avons tous bien maigri, mais pas un de nous n'a la dysenterie.

C'est l'essentiel. Nous allons manger notre première soupe. Il faudra faire la queue et 40 000, ça en fait une sacrée ! Nous avons le moral, nous sommes organisés : les trois bleus tâcheront de passer plusieurs fois à la soupe qui se compose d'un peu de bouillon où nagent un morceau de viande (peut-être un morceau de nos mulets) et un morceau de pain. Le surplus sera partagé équitablement entre tous.

Nous commençons à avoir de petites démangeaisons. Clo-clo me dit que c'est l'anémie. Va pour l'anémie. Mais quelques jours après, on s'aperçoit que ce sont des poux. Les salauds, on n'a plus que les os et la peau et il faut encore les nourrir, si c'est pas malheureux.

Tous les soirs, c'est la grande chasse torse nu. La liquette sur les genoux et crac entre les deux pouces, un véritable massacre. Campos me dit que les siens sont allemands car ils ont une croix gammée sur le dos.

La vie s'organise, la journée est bien remplie. La queue pour aller aux latrines, la queue pour la soupe, heureusement qu'ils n'en distribuent qu'une par jour. Aux latrines, c'est le cirque ; on attend des heures. Malheur à celui qui a la dysenterie, souvent il n'a pas besoin d'attendre puisqu'il a fait dans son froc. En attendant mon tour, je regarde autour de moi. J'aperçois un grand Sénégalais avec une boîte de conserve et de l'eau dedans. Je lui demande à quoi ça sert.

— C'est pour me laver les miches lorsque j'ai fini », me dit-il.

Pas mauvaise idée, au lieu de se torcher avec n'importe quoi.

La vie continue tranquille, c'est vite dit, mais personne dans notre section n'a la dysenterie. En fait, nous sommes bien.

Des bruits courent dans le camp : nous allons être démobilisés. Je le savais. Adolphe petit caporal ne pouvait pas me faire ça à moi, petit-fils de fonctionnaire.

Je le crois, nous le croyons si bien que dans nos pérégrinations, nous, les bleus de la 39, on part en corvée dans Dijon. Nous avons des propositions alléchantes :

— Évadez-vous : vous passez par cette porte, vous ressortez par l'autre et le tour est joué.

Non, nous avons nos camarades qui nous attendent au camp ; et ça, c'est sacré.

Et puis il y a ces rumeurs : tout est prêt en gare de Dijon... Les prisonniers de telle direction monteront dans tel train...

Aussi rentrons-nous sagement à Longwy en apportant aux copains ce que nous avons pu resquiller.

Nous allons être démobilisés. Tout est prêt en gare de Dijon, les trains sont à quai avec de grosses pancartes avec la direction de Lyon, Bordeaux, Paris et j'en passe. Là, je reconnais le travail de la 5e colonne.

On ramasse la musette, la toile de tente et des boîtes de conserve. Car, grâce au service de la Croix-Rouge, nous avons reçu quelques colis. Nous avons une petite réserve. Grâce à Cotin, le partage est intégral : deux barres de chocolat partagées en huit, repartage des brisures qu'il a faites en coupant le chocolat. C'est sérieux.

En route pour la gare, le cœur plein d'espoir.

Hélas ! Point de pancartes ; nous sommes tous sur le quai. Notre groupe bien serré, les uns contre les autres. Le train arrive avec les wagons chevaux en long 8, hommes 40. Les sentinelles comptent : *ein, zwei, drei*... jusqu'à 60. On va être un peu serrés. Le numéro 60 finit juste après Cotin, notre chef de file.

Ouf, nous avons eu chaud.

Nous sommes tous les huit dans le même coin du wagon. Impossible de se coucher complètement, nous sommes assis les pieds repliés sous les fesses ; non, ils exagèrent, soixante dans un wagon à bestiaux, c'est trop ! On ne se plaint pas trop, nous avons la lucarne juste au-dessus de nous pour l'air frais.

Nous allons passer le plus mauvais moment de notre vie de prisonniers : deux jours de train pour aller jusqu'à Strasbourg, première station de notre voyage vers l'Allemagne.

Car maintenant, c'est fait, nous n'avons plus d'illusion sur notre démobilisation.

Ce voyage à soixante par wagon a été un véritable calvaire. Ici, pas de latrines ; on fait tout dans des boîtes de conserve, ceux qui ont la dysenterie, dans leur froc. « Cela sent le fauve », comme dit Pétrus. Ça pourrait le sentir à moins.

Dans notre groupe et notre coin, on se défend pas mal. Toujours pas de dysenterie, on se frotte le dos sur le plancher ou contre les parois pour arrêter l'ardeur des poux. Le grand Charlot grogne, c'est à lui que revient l'honneur de verser les boîtes pleines par la lucarne. Il grogne, mais enfin, à la guerre comme à la guerre.

Nous arrivons enfin à Strasbourg, déchargés encore dans une caserne. Il y en a bien tant en France. Pour ce que ça a servi !

Un beau matin, nous nous retrouvons à Niehl, prêts pour embarquer sur les bateaux de plaisance qui nous descendront à Duisbourg. Les cales étant pleines de prisonniers, nous nous installons sur le pont dans les fauteuils, et en avant pour la promenade.

La vallée du Rhin est très belle le ventre plein. Nous regardons défiler d'un air désabusé, et sans aucune réaction les mini-plages, les châteaux. C'est beau mais l'estomac est creux.

Débarqués à Duisburg, nous prenons la direction de Dortmund, le vélodrome.

Bon souvenir de Dortmund : la désinfection. Débarrassés des poux, nous sommes légers-légers. Puis c'est l'étiquetage : nom, prénom, profession, la plaque avec le numéro matricule 4680.

Nous sommes huit, tous des cultivateurs. Grâce à un vieux poilu de la guerre de 14 qui m'avait dit lorsque j'avais dix ans :

— Si un jour tu es fait prisonnier, petit, fais-toi porter cultivateur, tu auras toujours à manger.

Nous avons tous les huit suivi son conseil.

Nous sommes quatre conscrits de la classe 39. Nous n'avons laissé en France ni femme ni fiancée. Nous avons le beau rôle, ce n'est pas le cas de nos anciens : ayant femmes et enfants, seuls dans un appartement ou dans un commerce. Entre leur moral et le nôtre, il y a une différence énorme.

Puis, petit à petit, le moral de prisonnier se forge : les plus faibles pensent qu'ils le seront à vie (vrai, si Adolphe avait gagné la guerre), d'autres une histoire d'un ou deux ans. Cinq ans sera la vérité grâce aux Américains. Pour les conscrits de la 39, c'est un passage de la vie, on rigole et on met en boîte les anciens avec leurs femmes restées seules en France. Nous y allons un peu fort, mais nous arrêtons le tir dès qu'ils se mettent en colère.

Tous les matins à six heures, c'est le réveil ; une sentinelle ouvre la porte du kommando et c'est un « aouchté » sonore.

Sept heures : départ pour les fermes. Les fourches n'ont plus de secrets pour nous. C'est le premier boulot : nettoyer les vaches, donner à manger aux cochons. Puis les travaux des champs, comme en France.

Le dimanche, c'est le jour de repos. Les prisonniers lambinent, ils ont toute la matinée pour se raser et faire leur toilette. L'après-midi est réservé aux lettres, aux cartes, aux chansons avec l'accompagnement de Colombani qui a réussi à dénicher une mandoline.

Moi, je joue au tarot avec Berouzier et deux cultivateurs de Saône-et-Loire, deux vieux garçons à l'accent bien prononcé ; ce sont des durs à cuire pouvant jouer 24 heures d'affilée. Aussi, je me fais engueuler parce que je ne joue pas assez bien et ils me piquent tous les Deutsche Mark.

À l'autre bout du kommando, c'est l'artisan plâtrier qui raconte des histoires des compagnons. C'est lui qui parle :

— Vous êtes combien là-haut ?

— Trois, répondent les ouvriers.

— Descendez la moitié, dit le patron. »

Ou alors :

— Qu'est-ce que vous faites là-haut ?

— Ben patron, on astique.

— Vous astiquez quoi ?

— Ben Patron, la colonne du milieu.

Et on rigole comme des bossus...

Nous l'en remercions, c'était le père Chapuis.

Direction les plaines de la Ruhr où nous allons exercer notre nouveau métier. Immerath, Oberkruchten, Stalag VI G. Matricule 4860.

Je suis chez les Ametz. Pas trop mal au début, bien à la fin.

Pétrus est mal tombé. Si bien que nous l'appelons le martyr. Tous les autres sont à peu près bien. Personne ne se plaint.

Nous sommes trente-cinq dans notre kommando, de toutes les régions de France, mais nous, les huit, nous sommes toujours ensemble dans le même coin du kommando.

Nous continuons à organiser notre petite vie communautaire. Nous avons même augmenté de deux unités : le loufiat, garçon de café parisien et un boucher de Charente dont je ne me rappelle pas le nom[1].

Nous étions trente-cinq. Jamais je n'ai vu de bagarre entre prisonniers et il y a maintenant deux ans que nous sommes ensemble. Pourtant, toute la petite classe de la société est représentée : petits artisans, cultivateurs, ouvriers d'usine, commerçants, dockers.

Ce docker, on s'en souvient, « prenait des crises de delirium très mince », comme dit Pétrus. Eh

1. Après recherches, il s'agit de Raymond Cabourdin.

bien, vous le croirez si vous voulez, mais lors de sa vie en plein air, pas une goutte d'alcool, pas de médecin, et ses crises se sont espacées pour disparaître complètement.

Il y a aussi Campos, secrétaire de mairie à Oullins, avec son asthme. Chaque soir lorsque nous nous couchions, lui était assis sur son lit le souffle court. Il sera rapatrié.

*
* *

C'est ce que nous appelons entre prisonniers la folie douce.

Les heures de défoulement sont rares : en partant d'un fait de rien, nous arrivons à nous faire une grande histoire. C'est le cas pour les allumettes. Déronzier fait partir une allumette enflammée en la tenant entre le pouce et l'index : en lui donnant une pichenette, elle fait un saut de deux mètres. C'est le départ d'une véritable bataille navale avec des flèches enflammées. Chaque prisonnier envoie sur le bateau corsaire imaginaire sa flèche. Cela dure une dizaine de minutes puis, une fois que tout ce petit monde s'est bien amusé, le calme revient.

Le premier kommando de cultivateurs est mixte. Il y a déjà une vingtaine de prisonniers polonais. Ils nous reçoivent à bras ouverts, hélas cela ne va pas durer. Nous ne sommes pas branchés sur la même longueur d'ondes : ils sont plus en retard que nous, plus frustes.

Le climat va se dégrader de plus en plus jusqu'au jour où les poux vont faire éclater la marmite. Les Polonais parlent mieux l'allemand que nous ; il y a déjà plus d'un an qu'ils sont prisonniers. Et ce serait nous, ces pelés, ces galeux de *Franzose* qui aurions ramené ces petits insectes. Ils n'ont pas tout à fait tort car nous avons dans notre équipe un jockey de Maisons-Laffitte. Il a toujours sa cravache de l'armée qu'il noue autour de son cou à sa façon bien particulière : c'est un « crado » comme l'on dit en langage de prisonnier. Je crois bien qu'il couche avec. En relevant la tête, il passe un doigt entre cette cravache et son cou et, d'un ton sentencieux, nous dit :

— Ce saucisson que je mange à la ferme me donne des démangeaisons.

Jusqu'au jour où Clo-clo regarde de plus près et s'aperçoit qu'il est couvert de poux. Les Polonais poussent des rugissements, vont chercher une sentinelle schleue et lui montrent notre petit jockey qui n'en mène pas large. Le lendemain, c'est un samedi soir, nous voyons entrer au kommando deux soldats schleus avec une chaise et une tondeuse. Ils foutront la boule à zéro à tous les prisonniers français. Quelle honte ! Aucun n'ose plus enlever son calot qui, maintenant trop grand, nous tombe sur les oreilles. Puis, nous nous y faisons ; ça repousse. Mais la vie avec les Polaks devient invivable et un jour ils sont relevés et remplacés par des Français. C'est de ce jour que nous arrive un petit rigolo avec des lunettes, c'est un Chtimi. Il contrefait tout le monde.

Un dimanche matin, l'idée nous vient de faire la messe. Lui sera le curé (il a d'ailleurs une tête à ça, bien qu'il soit scribouillard à Amiens). Pétrus et moi les enfants de chœur. En deux temps trois mouvements, l'autel est monté, notre curé presque vrai.

Et la messe commence.

Quelques mots de latin et les gestes, il a les deux bras en l'air implorant le ciel. Et nous, nous baissons la tête, lorsque la porte s'ouvre violemment. C'est le chef du kommando, le feldwebel qui entre, l'air sévère.

Personne ne bouge.

Il reste interloqué, referme la porte doucement et reste figé. Notre curé continue la messe mais il dit n'importe quoi en français contre ce soldat qui ne comprend pas un mot de notre langue. Il revient du front russe où il a été blessé. Nous avons peine à retenir notre rire. Il est tellement sérieux devant cette messe que nous la faisons durer ; si bien que doucement il referme la porte et s'en va. C'est alors l'hilarité générale. Là, nous nous défoulons.

Premier Noël au kommando

Nous approchons de Noël, tout le monde se creuse la cervelle pour savoir avec quoi on va faire le réveillon. Les colis de la Croix-Rouge ne sont pas bien épais et c'est surtout la boisson qui nous manquera. Il faut trouver le moyen et le loufiat va nous dépanner ; son cultivateur n'habite pas loin d'une petite épicerie. Le propriétaire est ravi, c'est la première fois qu'il vend autant de bouteilles de vin blanc.

Nous avons fait un Noël du tonnerre.

C'est un réveillon formidable, c'est des chansons... Pensez donc ! Cela fait un an et demi que nous n'avons bu, pour la plupart, aucune goutte de vin. Aussi, les chansons fusent de tous côtés.

— Haut les cœurs ! » dit Coco.

Hélas ! Il y a des malades.

À minuit, c'est le final, nous entonnons « Papa Noël ». Chanté avec ferveur par les anciens qui ont laissé en France femmes et enfants.

Extinction des feux. Nous avons eu, c'est encore heureux, la permission de minuit. Pour les autres jours de l'année c'est neuf heures.

Il y a maintenant deux ans que nous menons cette vie d'agriculteurs. Ils sont tous bien gentils, mais l'air de la France nous manque.

Une idée commence à germer en nous : si l'on s'évadait ?

C'est parti comme un coup de canon, comme si on couvait cette idée depuis de nombreux mois. Nous avons accouché de notre évasion, maintenant il faut l'élever.

L'idée était lancée. Pendant six mois, pas un instant de notre vie qui ne sera étroitement lié avec l'évasion. Ce sont les biscuits de guerre que l'on met de côté, le sucre, le chocolat, l'alcool de menthe, des vêtements civils.

Prisonniers, on ne l'est plus, nous ne pensons plus qu'à l'évasion.

Tous les soirs, ce sont des palabres à n'en plus finir : comment partir de chez le paysan le soir, de chez le paysan à midi, on ne sait pas. Les fermes sont loin les unes des autres, on va avoir mille difficultés pour se retrouver.

Enfin, nous tombons d'accord : nous nous évaderons du kommando à minuit. C'est notre heure de prédilection.

*
* *

Le kommando, c'est bien beau, mais il faut en sortir. Pendant une semaine, nous nous creusons le ciboulot. Les fenêtres, scier les barreaux, c'est difficile. Eurêka ! Nous avons trouvé : le souterrain avec sortie dans le jardin. L'emplacement est décidé, on va découper le plancher sous le poêle et commencer notre souterrain.

Pendant cinq mois, ce sera notre travail de toutes les nuits.

À tour de rôle, l'un de nous descend dans le trou. Les autres remettent le plancher et le poêle en place. Il remplit toutes les musettes disponibles de terre et le matin, dans nos fermes respectives, nous emmenons la terre. Le tour est joué, c'était pas plus difficile que ça !

Pas plus difficile que ça, c'est vite dit. Cela fait deux mois que nous travaillons au souterrain, nous en sommes à peu près à la moitié. Après l'appel de huit heures, Bertrand est descendu. Nous avons remis le plancher et le poêle en place. Nous attendons, confiants. Lorsque la porte du kommando s'ouvre, un « aouchté » sonore retentit.

Tout le monde debout au pied du lit. Contre-appel.

Coco me regarde, pâle comme un mort. Que faire ? Mais le loufiat a réagi très vite, il est déjà en place dans la travée opposée à celle où la sentinelle a commencé à compter.

— *Ein, zwei, drei...*

Puis, tranquillement lui passant derrière, il revient se mettre à sa place.

— *Drei wirt, drei funf...*

Le compte y est. Ouf, on a eu chaud !

Cinq mois sont passés, le souterrain est terminé. Nos vêtements civils sont cachés sous le poêle. Nous avons la boussole et plusieurs cartes d'état-major décalquées de la frontière hollandaise face à Venlo.

L'heure H a sonné. Ce sera le 1er septembre 1942 à minuit[1].

1. Finalement, et après recherches, l'évasion aura lieu le 18 octobre.

Évadés

Campos a été rapatrié comme malade. Déronzier aussi. Pétrus comme soutien de famille, aîné de neuf enfants. Il reste encore Coco, Clo-clo, le loufiat, le boucher de Charente, Bertrand et moi.

Nous avons la boussole grâce à notre ami le loufiat, il s'est démerdé comme un beau garçon. Il a séduit la fille de Bauer, le paysan chez qui il travaillait. Le jumelage a déjà commencé. Un soir, triomphant, il nous sort la boussole. Il part dans toutes les explications nécessaires : la façon dont elle l'a achetée, le prix qu'elle l'a payée, tout et tout. Nous sommes heureux, nous la couvons des yeux, cette petite merveille. Pour nous, c'est de l'or en barre. Comme si l'on donnait la vue à un aveugle, car c'est elle qui va nous guider toutes les nuits.

Il est 23 h 30. Nous sommes enfin prêts. Nos habits civils sous nos habits militaires car nous nous évadons tous les six ensemble, en patrouille comme des militaires.

Coco et Clo-clo passeront devant avec cartes et boussole. Bertrand et moi fermerons la marche en semant du poivre pendant les premiers kilomètres pour que les chiens policiers ne prennent pas nos traces. Étant le plus jeune, je suis le dernier à passer par le trou. Qu'ils sont longs ! Chaque bruit dans le kommando me fait sursauter.

Si une sentinelle prenait idée de faire une ronde... Je n'ose pas y penser.

C'est fait. Bertrand descend. Je le suis de très près, tellement près qu'étant à quatre pattes, je lui monte sur les pieds. Ouf, le trou est rebouché sur moi par ceux qui restent. Ils ont remis le plancher et le poêle en place. Nous sommes déjà plus en sécurité.

Nous avons, grâce à la complicité de prisonniers évadés et repris dans les alentours du kommando, récupéré une carte d'état-major détaillée de la frontière hollandaise face à Venlo. Nous avons minutieusement décalqué chacun la nôtre. Elle est cousue dans un des pans de la capote (on ne sait jamais avec les Schleus, une fouille est si vite arrivée).

*

* *

L'heure H a sonné.

C'est la sortie en plein air dans le jardin. Nous sommes libres, mais simplement dans le jardin du kommando ; comme des Sioux : pas une seule parole, des gestes.

Il nous faut traverser une partie du village. Il pleut, nous sommes avantagés ; cette petite pluie fine nous avantagera pendant les premières nuits de notre évasion.

Nous avons décidé de marcher de nuit, comme une patrouille, en nous servant de la carte et de la boussole. Le jour, nous nous cacherons dans les fourrés, les haies, les petits bois, en évitant tous les villages. Vivant de biscuits de guerre, chocolat, sucre, alcool de menthe ; buvant de l'eau dans les cuviers des chars à ban.

Cette première équipée va durer cinq nuits, mouillés comme des rats. Les journées sont longues et la nuit arrive avec soulagement pour marcher et se réchauffer.

Nous approchons de la frontière hollandaise. C'est la troisième nuit, il fait toujours mauvais lorsque devant nous, nous entendons du bruit. Cela ressemble à un fusil en bandoulière qui bute contre le bidon. Nous sommes allongés dans un champ de trèfles ; pas de doute, c'est une patrouille allemande. Nous retenons notre souffle et écoutons ; sûr c'est ça.

Une heure passe.

Qui nous semble une éternité.

Mais qu'est-ce qu'ils foutent ?

Une éclaircie dans le ciel.

Accoutumés au noir, nous apercevons deux vaches qui broutent tranquillement à cinquante mètres de nous le bon trèfle dans lequel nous sommes couchés. Le bruit des mousquetons sur les bidons c'est le bruit de la chaîne au piquet de fer auquel elles sont attachées. Quel soulagement ! Plus d'une heure de perdue et nous approchons de la frontière.

Nous repartons de plus belle mais toujours sur nos gardes ; c'est cette nuit que nous devons fouler la terre hollandaise.

Quatre heures du matin : nous y sommes. Après avoir passé la rangée de fils de fer barbelés, nous parcourons encore cinq cents mètres pour être à l'abri des patrouilles allemandes, et là, nous laissons éclater notre joie. Après un saut comme les kangourous, nous nous embrassons.

Hélas ! Nous sommes encore loin de la ligne de démarcation ; pour nous, la vraie frontière.

Nous sommes tout de même plus décontractés, nous parlons un peu plus haut. Nous fêtons cette première réussite : nous mangeons deux biscuits de guerre, une barre de chocolat, deux sucres et une petite goutte d'alcool de menthe. Un vrai festin.

Nous repartons, pour laisser la frontière le plus loin possible derrière nous, lorsque le jour se lèvera. Nous faisons halte. Le jour pointe, il tombe une petite pluie fine. Dans une haie, nous bivouaquons. Nous sortons nos cigarettes et lentement, religieusement, nous tirons quelques bonnes bouffées. La nuit, il n'en est pas question, c'est interdit. Que c'est long toute une journée caché dans un buisson ; et cette petite pluie qui n'en finit pas. Nous sommes trempés, le moindre mouvement fait tomber des feuilles de grosses gouttes qui nous transpercent. Avec soulagement, nous voyons arriver la nuit. Pour se remettre en mouvement, la première heure est pénible puis petit à petit nous nous réchauffons. Nous avons repris notre marche normale à la queue leu leu.

En tête Coco et Clo-clo avec boussole et cartes ; de temps en temps, on s'arrête pour faire le point, pour savoir si nous sommes toujours dans la bonne direction. C'est effarant comme on perd vite en pleine nuit la direction donnée par la boussole.

Les biscuits de guerre, le chocolat, le sucre ne donnent pas la dysenterie ; au contraire, on a l'impression de faire des morceaux de bois et souvent nous sommes obligés de nous aider de la main (ce n'est pas marrant).

Nous avons un peu perdu la notion du temps : pour nous les journées sont trop longues, les nuits trop courtes.

Un beau matin, Coco, après avoir fait le point sur la carte, nous arrête à quelques kilomètres d'un village. Cachés dans une haie, nous entrevoyons le clocher. Les prêtres hollandais aident les prisonniers de guerre évadés. Nous partons en direction de l'église, il est six heures du matin, nous approchons à pas de loup, et lorsque l'un de nous y entre, il en ressort aussitôt. L'église est pleine à craquer de fidèles. Nous saurons le pourquoi plus tard. C'est le jubilé de la reine Wilhelmine. Quelle poisse !

Il faut nous cacher. Là tout près, dans le cimetière, il y a la baraque du croque-mort. Nous nous engouffrons dedans et fermons soigneusement la porte et la calons avec une petite échelle. Bien nous en a pris car, dans la journée, des gamins qui jouent à cache-cache essayent de venir s'y cacher. Ils la secouent, et, la voyant fermée, repartent en courant. Notre sang n'a fait qu'un tour et pour se remettre, vite, une petite goutte d'alcool de menthe.

Nous attendrons le restant de la journée cachés dans cette baraque. Le catafalque nous sert de couverture avec sa grosse croix blanche. Cela fait un peu macabre. Le soir approche, il fait clair de lune, nous y voyons comme en plein jour et il faut traverser une partie du village. Nous attendons fin prêts. Nous étions plus tranquilles lorsqu'il pleuvait. Enfin, il faut prendre une décision. Il est bientôt 22 heures. Le village semble endormi. Nous sortons de notre cimetière à pas de loup. Nous voilà au milieu du village lorsque nous entendons une halte sonore. Nous nous sauvons à toutes jambes. Hélas ! Il fait trop clair et nos deux *schupos* nous mettent en joue.

C'est la fin. Fini, notre beau rêve. Nous nous laissons rattraper.

Ce sont deux *schupos* hollandais. Coco, toujours lui, est notre interprète. Il parle l'allemand comme un véritable schleu. Après nous avoir fouillés, nous leur montrons nos plaques que nous avons tous pendues au cou.

Matricule 4860 Stalag VI G. Ils nous regardent compatissants et d'un signe de la main nous montrent la direction de la frontière belge en nous souhaitant bonne chance. On les aurait bien embrassés, ces braves pandores.

En marchant dans la nuit, Coco nous explique : ils nous prenaient pour des contrebandiers.

Nous sommes encore loin de la frontière belge. La nuit suivante, il nous faut traverser la Roer à Roermond. À 22 h 30 nous sommes à cinq cents mètres de la Roer et de son pont. Nous ne sommes pas chauds pour la traversée à la nage, c'est-à-dire se mettre à poil, s'attacher le peu de barda sur le dos et nager. Bien que cela ait été fait par d'autres prisonniers, nous, nous sommes plus humbles : le pont nous suffit.

Le loufiat et notre boucher de Charente partent en éclaireurs. Ils reviennent cinq minutes plus tard : le pont n'est pas gardé, et en avant, à minuit nous le traversons sans histoire.

Mais il y a Roermond. Nous nous concertons. C'est vite décidé, nous évitons le village. Et nous voilà partis dans la nature. Mais c'est un fouillis inextricable de barbelés de jardin... non, c'est impossible, nous revenons à notre point de départ.

Nouveau conciliabule. Nous traverserons le village deux par deux espacés de cinquante mètres. Nous tirons au sort l'ordre de passage. Le loufiat et le Boucher devant avec cartes et boussole, en deuxième position Coco et Clo-clo, et fermant la marche Bertrand et moi.

Nous longeons le mur depuis un moment lorsqu'avec Bertrand nous apercevons le faisceau d'une lampe électrique face à Coco et Clo-clo. Nous nous arrêtons le dos contre une porte cochère et écoutons, le souffle coupé. Nous entendons parler allemand. Notre sang ne fait qu'un tour. Il y a un poste de garde et nos camarades se sont fait prendre.

Avec Bertrand, nous faisons marche arrière et revenons à notre point de départ. Il nous faut coûte que coûte éviter le village. Nous repartons à travers jardins, barbelés, palissades. Cette fois, il faut passer sans cartes et sans boussole. Il faut avoir la baraka pour réussir une évasion. Nous tombons sur une route, nous la suivons. Il est deux heures du matin lorsqu'à un croisement nous entrevoyons deux ombres. Nous approchons complètement démoralisés. Si ce sont les *schupos*, tant pis.

Mais c'est le loufiat et le boucher qui attendent avec impatience. Ils ne se sont aperçus de rien.

Nous leur expliquons, nous attendons tous les quatre avec un léger espoir, mais pas de Cotin ni de Coco. C'est fini, nous ne les reverrons plus, si ce n'est à la fin de la guerre. Ils sont tombés sur un poste de garde allemand.

Le moral est tombé à zéro. Nous avons perdu notre cerveau. Le mental n'y est plus. Nous repartons la tête basse. Puis petit à petit, le moral revient, il faut les venger, il faut réussir, ce serait trop bête de tous se faire prendre.

D'ailleurs, c'est la dernière nuit que nous marchons à la carte et à la boussole. Mais le pifomètre nous est bien plus utile car nous ne sommes pas des aigles. Avec cette carte et cette boussole pourtant, tout semblait facile lorsque c'était Coco et Clo-clo qui s'en servaient.

À l'aube, nos savants calculs sont exacts, c'est le sol de la Belgique que nous devons fouler. Pour nous, il n'y a pas de différence, c'est toujours pareil : des haies, des bois, des champs. Nous avons largué nos effets militaires. Maintenant nous sommes en civils poissés mais en civils.

Vie civile

Nous voilà à quatre, déambulant le faubourg belge par un petit chemin. Nous serpentons au milieu des terres en pensant à nos deux camarades. Ils retourneront en Allemagne, avec tous les sévices des prisonniers évadés repris, avec comme dénouement, le camp de Rawa Ruska.

Tout à nos réflexions, nous ne voyons pas arriver un cycliste habillé vaguement comme un troufion. Nous pensons qu'il s'évade comme nous, mais non, avec un bon sourire il nous montre l'écusson à croix gammée cousu sur sa manche. Nous nous faisons menaçants. Il rigole de plus belle. Nous sommes tombés sur une filière. La croix gammée n'est qu'une couverture pour endormir les Schleus. Sous ce couvert, ils font passer des prisonniers français et anglais. II nous conduit dans une ferme où il y a déjà une dizaine d'évadés. Nous mangeons, faisons un brin de toilette, c'est bon de se raser avec de l'eau chaude. Nous changeons de vêtements : nous sommes présentables.

Une filière, c'est une poignée de gars gonflés, les passeurs comme on les appelle. Il y avait déjà une heure qu'il nous avait repérés à la lunette d'approche lorsqu'il est venu à notre rencontre.

Notre filière est au point, elle vient de passer le général Giraud et pas mal de pilotes anglais ; nous sommes dans de bonnes mains. Nous ne devons pas moisir chez le passeur car quatorze, cela fait beaucoup, nous dit-il, et les collabos ne manquent pas non plus aux alentours.

Le lendemain, à quatre heures du matin, par petits groupes, nous sommes des mineurs qui prenons le train pour Maestricht avec de fausses cartes d'identité. Pas de souci à nous faire, on nous a donné un peu d'argent belge. Toujours aussi discrètement, nous sommes pris en charge par un cheminot qui nous fait monter dans un train à destination de Liège.

À Liège, toujours aussi discrètement, nous mangeons un morceau dans une petite cantine et le cheminot nous remet dans un train en direction de la frontière franco-belge ; nous devons descendre à Florenville.

À Florenville, nous sommes pris en charge par un passeur qui nous fera passer la frontière à minuit et à pied. À deux heures du matin, nous sommes en France mais seuls. Finie la filière. Non, pas encore, nous avons une adresse à Carignan pour nous fabriquer une nouvelle carte d'identité, une française cette fois. Elle est fausse mais tant pis. Nous l'apprenons par cœur, si bien qu'à Châteauroux où je serai démobilisé, je donnerai une fausse date de naissance.

Tous les quatre, nous prenons le train pour Paris. Le loufiat est arrivé, le boucher des Charentes continue sur La Rochelle. Bertrand et moi restons ensemble. J'ai un frère, Bertrand, des amis. Nous prenons le métro pour aller à l'adresse de mon frangin. Il n'y est pas. Pas de temps à perdre, nous allons chez les amis de Bertrand. C'est grâce à eux que nous passerons la ligne de démarcation à Saint-Maur. Il est minuit. Il y a des patrouilles allemandes mais notre passeur sait l'heure à laquelle elles passent. Il nous faut traverser le Cher. J'appréhende car je ne suis pas bon nageur mais il me réconforte lorsqu'il me dit de relever simplement mon pantalon jusqu'aux genoux.

Nous pouvons y aller, la patrouille allemande vient de passer.

Une heure du matin, nous sommes en France, libres.

Et voilà ! C'était pas plus difficile que ça.

Avec Bertrand, nous nous embrassons, remercions le passeur, et en route pour Châteauroux.

Le lendemain, nous nous faisons démobiliser à Châteauroux. Un scribouillard nous fait nos comptes :

— du 1er juin 1940 au 30 septembre 1943, la guerre, la retraite, les stalags, l'évasion…

Reçu : 4 060 F, c'est ce que j'avais sur mon livret de Caisse d'épargne que j'ai perdu. Ça valait le déplacement, non ?

La Résistance

Le retour à la vie civile ne va pas durer bien longtemps, car le Grand Charles avec ses « Français, Françaises » va encore une fois nous jeter dans la tourmente. Avec l'envie de me battre que j'avais, mon sang ne fit qu'un tour. Le maquis quelle aventure ! C'est le bon moment des gardes-voies. À sept heures du soir, c'est le départ pour le tour de garde. Pas de fusil, car les Allemands ne sont pas sûrs de la direction que les balles pourraient prendre.

Alors c'est encore la musette avec le kil [N.d.E. – litre de vin] – quand il y en a – et le casse-croûte. C'est formidable avec toutes les restrictions, tickets de pain, tickets de matière grasse, tickets de vin, de tabac. On trouve encore des musettes bien garnies.

*

* *

Me voilà bombardé maquisard, résistant, la fine fleur de l'armée secrète. Départ trois heures du matin de Bourg. Arrivé à cinq heures du matin à Drom. Drom sera notre PC pour quelques jours. Nous recevons nos armes, nous formons nos groupes. Je reçois une Sten, petite merveille, moi qui m'étais promené pendant toute la retraite de 40 avec un lebel encombrant au possible. Là j'étais à mon affaire, pas besoin de viser, on la tenait bien appuyée à la hanche et on sulfatait, c'est-à-dire on tirait facilement quatre ou cinq balles à la filée ; beaucoup de bruit mais très peu de précision. Elle fut vite baptisée la sulfateuse.

Notre première sortie fut la corvée de pinard, comme par hasard. Armés comme nous l'étions, ce fut facile. Descente dans une cave d'un bon vieux vigneron, vaguement collaborateur mais surtout mort de peur qui nous ouvrit sa cave sans difficultés. Retour facile au campement avec fûts et bonbonnes, sans avoir fait parler la poudre.

Puis ce fut le départ pour le château de Rosy. Là, allaient commencer les vrais faits d'armes. Le château de Rosy est situé au-dessus de Chavannes-sur-Suran, bien caché au milieu des bois. Un beau matin, alors que nous nous réveillons doucement, un rigolo lance une grenade au milieu de la chambre. Aussitôt, tout le monde se sauve, sauf Fouad, un copain, la grenade étant à 50 cm de son nez. Il ne fait ni une ni deux, il se retourne simplement de l'autre côté. Heureusement pour lui, elle était désamorcée.

Le lendemain, je suis de garde devant le PC lorsque l'on amène, paraît-il, un milicien. C'est la loi martiale. Le tribunal est en place. Tu en es un ou pas.

— Je ne suis pas milicien.

Et la valse commence : paire de claques, coups de poing, toujours la même réponse :

— Je ne suis pas un milicien.

Comme le résultat est toujours le même, il faut changer de méthode. Alors le tribunal se déplace. Tout le monde dehors. À quelques pas de là, il y a un poteau. Tant pis ce sera le supplice du poteau. On met le supplicié comme s'il allait monter à ce poteau, on lui attache les deux pieds, il est assis le long du poteau les mains liées dans le dos. D'une main sûre, le chef lui prend les cheveux et d'un coup sec lui fait péter le front contre le poteau.

Toujours rien.

— Je ne suis pas milicien.

Une fois, deux fois. Toujours rien.

Alors rageur, le chef le prend par les cheveux et le ramène à l'équerre vers le sol. Il se relèvera dix fois, et chaque fois ce front qui tape. Cela me fait mal, mais toujours pas de réponse. L'homme commence à devenir une loque, il saigne du nez, son front est bleu. Hélas, son calvaire n'est pas fini. On le détache, on l'étend à terre, on prépare du bois sec, on le déchausse, on lui brûle la plante des pieds, mais toujours pas d'aveux. Alors, debout, les pieds brûlés, il doit marcher pieds nus dans la rocaille et les petits buis. Il arrive sur un petit terre-plein, on lui donne une pioche et une pelle. Il creuse sa tombe. Lorsqu'il a fini, le peloton est en place. Comme je suis un peu loin, je ne sais pas s'il a avoué. De toute façon, c'est fini pour lui.

Il se met debout devant sa tombe, face au peloton d'exécution et d'une voix sûre s'écrie :

— Feu !

Hélas le chef de peloton est là et d'une voix retentissante, il lui dit :

— Ferme ta gueule, c'est pas toi qui commandes.

Et voilà comment finit un homme.

Au-dessus de Jasseron, un autre groupe avait aussi un milicien. Après le même processus, avec moins de violence tout de même, le prisonnier est amené au peloton d'exécution : c'est leur premier. C'est ce qui explique le grain de sable qui enraye tout un peloton d'exécution.

Le prisonnier a l'œil et ce n'est pas lui qui criera feu. Au contraire, au moment où tout le monde s'y attend le moins, le lascar est déjà au milieu des buis à courir en zigzag. Le peloton tire bien à l'aveuglette mais il s'est désuni et l'on ne reverra pas notre homme.

À celui-là, oui, je donnerai une médaille.

J'ai vu aussi au-dessus d'Échallon un peloton d'exécution où tout le peloton était ivre, faire changer de place le prisonnier deux ou trois fois avant de le fusiller. Ça, fallait le faire !

Maintenant que ces atrocités sont passées à la postérité, il faudrait que les parents des victimes de cette atroce guerre puissent récupérer les corps disparus afin que de jeunes chasseurs ou ramasseurs de champignons ne piétinent le corps de leur père ou grand-père enterré à la va-vite dans nos belles futaies.

Mais je crois qu'il faudra attendre encore quelques années car la haine est tenace.

Le château de Rosy devenant trop petit, notre groupe est obligé d'émigrer dans le bois de Cuisiat. Nous construisons notre petit campement et notre vie de maquisards continue avec de temps à autre la visite de quelques filles piquées à Bourg. Leur crime ? Avoir marché avec des Allemands. Pour les purifier, à poil, elles passent sur les fourmilières. Les unes auront la vie sauve, d'autres seront fusillées.

Ce n'est pas avec ces trucs-là que l'on va gagner la guerre, alors de temps en temps, il faut faire quelque chose.

Pour demain, ce sera l'attaque du train blindé.

L'armée du Grand Reich commence à donner de la bande. Quelques convois passent encore sur la grande voie de repli Bourg / Strasbourg. Histoire de rigoler, nous allons les astiquer.

L'attaque est minutieusement mise au point au campement. Deux groupes avec deux fusils-mitrailleurs et un bazooka. Les bombes à ailettes sont dans un vrai sac tyrolien. Tout est prêt. À minuit, départ pour prendre position. Hélas ! Montpont, pour les marcheurs aguerris que nous sommes, est atteint à deux heures du matin. Que faire en attendant le jour ? Car, de nuit, aucun convoi ne s'aventure sur la route. Nous sommes à quelques pas du lieu où nous devons prendre position. Une grange pleine de foin nous tend les bras.

Recommandations d'usage : pas de bruit, pas de feu, debout à cinq heures.

Que l'on est bien dans ce foin. Tout ce petit monde dort d'un sommeil de plomb ; aussi lorsque les chefs se réveillent, le soleil est déjà haut dans le ciel. Vite ! En position ! Nous n'avons que trois heures de retard ; il est huit heures.

Derrière une petite haie qui surplombe la route, nous nous déployons en tirailleurs. Le bazooka est fin prêt ; deux bombettes à ailettes sont sorties du sac de jute et dégoupillées, prêtes à faire voltiger le grand Reich ou ce qu'il en reste.

L'attente commence : dix heures, toujours rien. Onze heures… douze heures… Rien.

Deux hommes partent au ravitaillement ; ça creuse l'estomac de faire la guerre. Les gros pains et le fromage sont les bienvenus arrosés du petit rouge des vignerons.

La Sten se balance tranquillement à une branche d'arbre, à portée de la main tout de même, on ne sait jamais. Un brave paysan passe près de nous. La faux sur l'épaule, il va faucher du trèfle. Aussitôt, il est assailli de questions :

— Alors, et ce convoi ? lui demande-t-on.

— Bah ! répondit-il. Cela fait huit jours qu'il ne passe plus personne !!!

Dans le lointain, on entend un « tut tut ».

— Qu'est-ce que c'est ?

C'est le train blindé, nous dit le brave homme. Il passe tous les jours en face de vous, à portée de fusil, et il repart tranquillement vers son champ de trèfles.

Pour nous, au contraire, c'est un sacré dilemme, on était près des camions, mais un train blindé, c'est autre chose. Aussi, nos deux chefs se creusent la cervelle pour nous dire :

— On ne tire pas.

Ouf, on a eu chaud.

Hélas, ce n'est pas l'avis de notre mitrailleur qui est alsacien. Alors que bien cachés derrière notre haie nous regardons défiler notre train blindé, tout à coup, le tac-à-tac rageur de notre fusil-mitrailleur se fait entendre.

— Quel con ! », me dit le Fouad.

Notre Alsacien revient en courant, le fusil-mitrailleur encore chaud.

— C'est fait, dit-il. J'ai dévrillé un officier allemand qui passait la tête à la portière. »

Hourra. Notre contrat est rempli, nous pouvons rentrer, mais nous entendons : « tut tut ». Tiens, c'est le train blindé qui revient à notre hauteur.

Mais alors là, nous n'avons pas le temps de faire « ouf », aussitôt, c'est les mitrailleuses lourdes et le canon de 37 qui font rage. Mes aïeux, quelle panique ! Repli en ordre dispersé. Les bombes désamorcées des bazookas sont remises telles quelles dans le sac de jute. Dans sa précipitation, le pourvoyeur des fusils-mitrailleurs en cartouches a oublié de reprendre le sac tyrolien, il est trop lourd. Le porteur du bazooka s'est bien baissé pour passer sous une branche mais le bazooka, lui, en a pris un bon coup. Il est tordu. La débandade dure une heure.

Le Fouad, le premier arrivé sur la place de Cuisiat, pleure. Il raconte que la plupart des hommes du groupe ont été tués. Pas du tout.

Petit à petit, tout le monde plus ou moins essoufflé arrive. Appel : tout le monde est là. Direction le camp. Il nous faut donner des explications au grand chef. Là, c'est une autre histoire. Le bazooka est tordu, le sac tyrolien contenait deux cents cartouches de fusil-mitrailleur. Ça, c'est une perte. Il faut retourner le chercher.

Ce n'est encore pas cette fois que l'on aura droit à la médaille de la résistance.

Après cette épopée, le chef de groupe nous ayant trouvés un peu tendres, monte une équipe de dynamiteurs qui fera parler d'elle.

Nous, on nous garde pour aller faire les défilés dans les pays conquis : Oyonnax, Coligny, Nantua. C'est pas mal avec le colonel Romans-Petit en tête. Ce qui ne plaît pas du tout aux Allemands, mais alors pas du tout. Je vais avoir à subir une deuxième retraite.

Le 14 juillet, le front a craqué au col de France à Ceyzériat et à Cerdon. On est cuits et c'est la débandade. Heureusement qu'il y a beaucoup de chemins forestiers dans la région, ce qui nous permet d'arriver sans encombres dans les bois de Charbillat, au-dessus d'Izernore. De toute façon, nous ne pouvons aller plus loin, les boches sont à Oyonnax et Izernore.

Ah ! Ce Charbillat ! Nous sommes restés une semaine allongés sous les buis ; impossible de se mettre debout. Les Allemands avaient installé une lunette d'approche sur la place d'Izernore et scrutaient à longueur de journée pour essayer de nous démasquer. On était si bien cachés qu'ils n'ont jamais rien vu.

Remarquez, on n'a jamais bien fait les marioles, on n'était qu'une poignée de braves.

C'est là que j'ai attrapé une indigestion de gruyère et de beurre.

Comme l'on n'avait qu'un pain de gruyère à manger, on se faisait des tartines. Et toujours manger courbés ou couchés, ça ne passait pas.

De toute façon, la queue continuait. Hitler avait besoin de ses troupes pour se battre et non pour bayer aux corneilles, et petit à petit, tout ce beau monde s'en alla.

On était sauvé.

Petit à petit, comme des Sioux, on se rapproche de Bourg-en-Bresse et on arrive ainsi aux alentours de Treffort. C'est là que notre contre-espionnage a réussi à localiser les Allemands dans la gare de Saint-Étienne-du-Bois. Nous sommes à peu près trois cents éparpillés dans les bois du Revermont. C'est marrant, plus le Grand Reich s'affaiblit, plus le nombre des maquisards augmente. Aussi nous allons faire une épreuve de grande envergure.

Ce n'est un secret pour personne. Demain : cinq heures. Le jour J. Objectif : gare de Saint-Étienne-du-Bois, faire prisonniers les quarante Allemands retranchés dans cette petite gare.

La veille au soir, tout est fin prêt, ma petite Sten marche à merveille, bien huilée, bien astiquée ; départ du camp dans la nuit.

Saint-Étienne, cette nuit-là, est une véritable fourmilière. Des ombres s'entrecroisent parlant à voix basse. La gare est encerclée, tout le monde est à son poste et attend avec impatience l'heure H. Pas pour donner l'assaut. Nos braves chefs avaient pensé qu'en déclenchant un déluge de feu à cinq heures précises, nos braves Schleus allaient agiter le drapeau blanc. Nenni. Au contraire, ils laissent passer l'orage et lorsqu'ils ont bien repéré nos fusils-mitrailleurs qui crachent des flammes dans la nuit, ils nous astiquent. Moi-même j'ai tiré deux chargeurs de Sten face au brouillard puisque je ne vois pas la gare. Je suis derrière une petite butte. Heureusement, car le fusil-mitrailleur qui est à dix mètres de moi à découvert est vite mis hors de combat par un lance-grenades. Le mitrailleur est blessé et le fusil hors d'usage.

Le jour se lève et, stupéfaction, nous nous apercevons que la gare n'est pas en face de nous mais bien en contrebas ; et de la manière dont on tirait, je ne sais même pas si l'on touchait les cheminées.

Pendant quelques heures, il y a un moment de flottement, le drapeau blanc n'apparaît toujours pas. Au contraire, ces messieurs tirent sur tout ce qui bouge. C'est bientôt le contraire qui va se produire. Lorsque l'un des leurs sort de la gare en nous tirant dessus, c'est presque un début de panique. Vite réprimé. Nous sommes tout de même huit cents, eux, quarante.

Toute la journée, on entendra crépiter un fusil-mitrailleur ou une mitraillette. Mais comme ils ne se rendent toujours pas, il faut trouver une solution, c'est-à-dire du renfort, car nous avons peur qu'eux en reçoivent. Et c'est là que se produit un miracle : on a retrouvé un bazooka chez les FTP. Le soir, à huit heures, ils se rendent. Les coups de bazooka ont été décisifs. Quarante prisonniers, parce qu'ils ont cru que nous avions un canon de 75. Enfin, tant pis, ils n'avaient qu'à pas croire.

C'est la victoire. Saint-Étienne-du-Bois est à nous et bien à nous. Nous mettons en place notre ligne de défense. On ne passe plus. Un fusil-mitrailleur face à Bourg sur la voie ferrée, un fusil-mitrailleur face au pont du Jugnon qui garde la route de Bourg.

Un jour, deux jours se passent. Rien. Mais un beau matin, notre service de contre-espionnage nous avertit qu'un convoi de cinquante camions se replie en bon ordre et va passer. Le sort en est jeté, ils ne passeront pas. On les attend de pied ferme. Les fusils-mitrailleurs sont en place.

Mais que font-ils ? Ils n'arrivent pas. Des rumeurs circulent, les Boches ont eu peur, ils sont repartis sur Bourg-en-Bresse. Nous, on ne voit rien. Alors deux braves montent sur leur vélo pour aller voir ce qui se passe. Arrivés sur le pont du Jugnon, ils sont fauchés par une rafale de fusil-mitrailleur. Ils sont bien là, ils ont arrêté leurs camions le long d'un petit bois et commencent à nous encercler.

Après quelques rafales, notre mitrailleur est touché à l'épaule, nous nous replions en bon ordre. Cinq blessés de notre côté, dont un gravement, une dizaine de fermes brûlées pour Saint-Étienne-du-Bois, et le convoi est passé.

Ce n'est encore pas le moment de demander la médaille de la Résistance.

La résistance touche à sa fin. Il ne reste plus que quelques traînards de la grande armée allemande. Plus de camions. Plus d'autos. Les pauvres sont à vélo, et alors là, nous sommes à notre affaire, nous les allumons alors qu'ils passent entre les gros platanes de la route Bourg-en-Bresse - Strasbourg.

Le dernier feu d'artifice de la résistance a été l'œuvre des Allemands lorsqu'ils ont fait sauter leur dépôt de munitions de la Réna. Les Américains étaient à Pont-d'Ain grâce à nous.

La voie est libre pour la grande libération.

Défilé dans Bourg-en-Bresse avec la chasse aux collabos. Je vous assure qu'ils n'ont pas eu sommeil.

Comme je fais partie de l'A.S. (Armée Secrète), je vais être démobilisé.

Les Anglais ont parachuté plusieurs fois des dizaines de millions. Là je ne comprends plus très bien. Les armes étaient parachutées, les cigarettes, les chewing-gums. Le ravitaillement était prélevé sur les coups de main. J'ai comme la vague impression que ces millions n'ont pas servi à grand-chose pour les résistants.

Tout ce que je sais, c'est que j'ai été démobilisé encore une fois avec un petit pécule : 4 000 F.

On a dû renvoyer le restant des millions aux Anglais, à moins que…

Cette nuit, c'est jour de fête. À minuit, il y a parachutage.

*
* *

La phrase clé a été passée par Londres :

« Cette année, les pommes sont rouges. »

C'est pour nous.

Nous préparons fébrilement les lieux où devront se poser les parachutes auxquels sont suspendus les containers : dans les uns, des armes démontées, mitraillettes Sten, fusils-mitrailleurs, bazookas, cigarettes Domino – toujours les bienvenues –, plaquettes de vitamines. Aux quatre coins du terrain nous préparons le bois bien sec pour faire les feux qui guideront le pilote pour larguer les containers.

Lorsque nous approchons de l'heure, les feux sont allumés ; nous n'attendons pas longtemps car bientôt un ronronnement se fait entendre, un tour de terrain et c'est l'arrivée. Nous ramassons les parachutes dont la fine soie servira à faire des chemises ou autre chose.

Le terrain est nettoyé, les foyers éteints sont recouverts de terre. II faut avant le lever du jour que rien ne puisse laisser supposer qu'il s'est passé quelque chose dans la nuit. Tous ces containers sont amenés au milieu des bois où notre campement se terre. C'est aussitôt le montage des fusils-mitrailleurs, des mitraillettes Sten. Nous contrôlons les balles en vrac et la vie continue.

Pendant notre débâcle (celle de résistant) – non, qu'est-ce que je dis ?, c'est « repli en bon ordre » – alors que nous étions sur le plateau d'Aranc, un avion schleu un peu plus gros que le fameux Mouchard nous prit en chasse à la mitrailleuse. Heureusement pour moi, j'étais à proximité d'un gros arbre. Je me cachais derrière et tournais autour, suivant les évolutions de ce bourdon qui ne m'impressionnait pas du tout, comme les Stukas bien plus meurtriers, et dont les piques faisaient un bruit terrible.

*

* *

Je voudrais connaître le nom du grand stratège qui donna l'ordre de faire monter au front le 108e RIA en une nuit. C'étaient les conscrits du 1er contingent de la 39. 40 000 hommes de troupes fraîches pour boucher la trouée de Rethel sans artillerie, sans avions, sans chars et sans général. Le Grand PC nous avait laissés tomber royalement. Notre commandant était fou de rage et c'est les larmes aux yeux qu'il nous donna l'ordre de repli.

C'est ce qui s'appelle envoyer à l'abattoir.

Les jeunes d'aujourd'hui à 20 ans se plaignent ou se droguent pour voir la vie en rose, il doit leur manquer quelque chose, mais quoi ?

L'avenir nous le dira.

À mon Bizon,
Julot
le 10 février 1973

MON GRAND-PÈRE, CE HÉROS…

L'éternel sourire

Quand je pense à lui, ce qui me revient en premier, c'est son sourire.

C'est d'ailleurs un constant objet de surprise pour moi : sur les photos, il rigole toujours ! Tous les autres le regardent de façon admirative. Je pense que, comme il était le plus jeune de la bande de copains, il en était un peu le chouchou.

Et aussi celui qui savait faire passer un bon moment. À table, on lui demandait de raconter son évasion. Il s'exécutait de bonne grâce ; il adorait faire rire la compagnie. C'est fou comme la vie, alors, paraissait légère, même pour ceux qui avaient traversé de terribles épreuves. Autour de lui tous vivaient alors de joyeux moments, ce qui, je pense, a dû l'influencer pour écrire son histoire. Je me souviens d'une photo où on voit une grande tablée avec de nombreux convives auxquels il raconte ses exploits, le bras levé, en orateur accompli... Je ne l'ai pas encore retrouvée, mais je ne désespère pas.

Tout le faisait rire, était occasion à farce. Un jour ma grand-mère avait raté un gâteau au point qu'il était immangeable, dur comme un bloc de pierre. « Ne le jette pas, je vais m'en servir », avait-il annoncé. Et c'est vrai. Parfois il sortait le gâteau du placard et l'utilisait comme haltère. Un autre jour, avec trois copains, pour un concert de la fanfare dont il était président, il avait imité les Frères Jacques ; le numéro était désopilant.

À chaque réveillon du 31 décembre, ma grand-mère et lui réunissaient tous les amis chez eux et les régalaient d'un repas formidable. Tous deux possédaient le sens de l'amitié et de l'hospitalité. Les bureaux de l'entreprise de transport, dont ils assuraient la gérance et qui comptait une vingtaine de camions, se trouvaient dans la maison. Cela faisait pas mal d'allées et venues. Les chauffeurs venaient prendre un café, discuter quelques minutes. Personne ne s'en plaignait. Au contraire. Cela rendait les lieux plus vivants.

Une des formes que prenait son amour des autres, c'était son sens de l'équipe. D'ailleurs il aimait le sport et le pratiquait avec talent. C'est ainsi qu'il courait le cent mètres en 11 secondes, ce qui n'est pas rien. Il aurait pu être un joueur international car il excellait au rugby. Il appartenait à une équipe réputée, celle de Bourg-en-Bresse, l'USB, l'union sportive bressane qui avait joué et gagné contre l'équipe où brillait le jeune Jacques Chaban-Delmas. Quelques années plus tôt, alors qu'il était dans la Résistance, il avait adoré faire un pied de nez aux Allemands en jouant au stade Verchère devant les troupes d'occupation[1]. C'était l'époque d'avant son mariage où, m'a raconté la mère d'un ami, Papou

1. Une autre anecdote que m'a racontée mon ami François Belay, autre Bressan qui m'a fait débuter dans le métier.

jouait les jolis cœurs sur le stade. Trois-quarts aile, il brillait par des accélérations fulgurantes et un jeu très rapide. Cela ne l'empêchait pas, s'il voyait une jolie fille dans les tribunes, de botter en touche vers la demoiselle afin d'arrêter le mouvement du jeu et pouvoir se rapprocher d'elle ! On lui avait cousu ses poches de short pour lui passer l'habitude d'y mettre les mains pendant le match, quand le ballon était loin de lui et qu'il s'embêtait !

Il était d'une modestie et d'une discrétion exemplaires. Il ne s'est jamais soucié de toucher les indemnités de guerre ou de prisonnier auxquelles il avait droit, ni de solliciter une quelconque médaille. Sa fibre républicaine ne l'autorisait pour rien au monde à courir après les honneurs. C'est qu'il y avait en lui un côté un peu rebelle, anarchiste dans le bon sens du terme. Il n'aimait pas trop ceux qui se poussent du col. Les Allemands, qu'il appelait parfois « les Boches », à l'ancienne, avaient été des ennemis qu'il avait âprement combattus. Mais une fois la guerre finie, il ne leur en garda, je pense, aucune rancune. À ses yeux, il y avait un temps pour la guerre et un autre pour la paix. Dans la même veine, il était très travailleur mais pas stressé, jamais en train de faire la course pour attraper je ne sais quoi. Il aimait profiter des belles choses simples de la vie et avait choisi la meilleure morale qui soit : l'hédonisme.

*

* *

Il possédait à égalité une insouciance complète et une volonté de fer. Le couplage des deux produit souvent un esprit délié et astucieux. Par exemple, il n'hésitait pas à affirmer qu'il avait bénéficié au début de la guerre de deux tuyaux précieux : prétendre qu'il était agriculteur et tout faire pour devenir radio. Et c'est un fait, cette double identité plus ou moins usurpée lui a sans doute évité les premiers accrochages sur le front. Par la suite, la situation militaire se dégrada et il ne put échapper au destin de tout soldat d'une armée française en déroute. Il l'écrivit à son frère dans une lettre que j'ai récemment retrouvée, avec ce style allant qui est sa marque :

Bien cher frangin,

On est enfin arrivé, après deux jours de trajet, dans lequel j'ai perdu le peu de graisse qu'il me reste, représente-toi un peu ! On part à 10 heures du soir, on se tape 20 kilomètres pour aller embarquer. Après 6 heures de train, on se tape encore 20 kilomètres par un soleil de plomb. On arrive enfin dans un village évacué, on s'installe dans une jolie maison où il y a tout ce qu'il faut, des draps propres surtout. On va pouvoir dormir dans un lit, mais pas pour longtemps ! Car à 10 heures du matin, branle-bas ! Tout le monde dans les camions, et en avant du côté du front. Encore 20 kilomètres pour aller atterrir dans un bled où, sur les portes de grange, tu peux lire : « Raser les murs ». Nous sommes en première ligne de résistance, c'est-à-dire à une dizaine de kilomètres du front, et maintenant nous entendons déjà un peu mieux la canonnade.

Georges Gerra à 17 ans, en 1936, l'année du Front populaire. Il travaille alors à Bellegarde, ville ouvrière du Haut-Bugey, dans l'Ain.

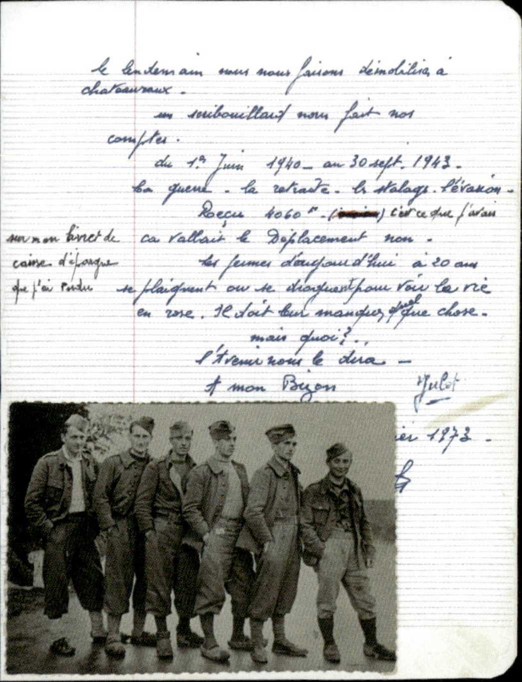

le lendemain nous nous faisons démobiliser à Chateauroux.

un gribouillard nous fait nos comptes.

du 1er Juin 1940 au 30 sept. 1943.

la guerre. la retraite. le stalag. l'évasion.

Reçu 4060 F. ([illegible]) c'est ce que j'avais sur mon livret de caisse d'épargne que j'ai perdu

ça valait le déplacement non.

les jeunes d'aujourd'hui à 20 ans se plaignent ou se droguent pour voir la vie en rose. Il doit leur manquer quelque chose.

mais quoi?..

l'avenir nous le dira.

à mon Bizon Julot

...ier 1973.

Dernière page du Journal de guerre de Georges Gerra. La photo collée sur le cahier a été prise lors de sa captivité par les Allemands. De gauche à droite, ses camarades : Déronzier, Cotin, Bertrand, Vermorel, Pétrus. Georges Gerra est le troisième à gauche.

Les trente-cinq prisonniers français pendant leur captivité en Allemagne (vers 1941). En médaillon, mon grand-père.

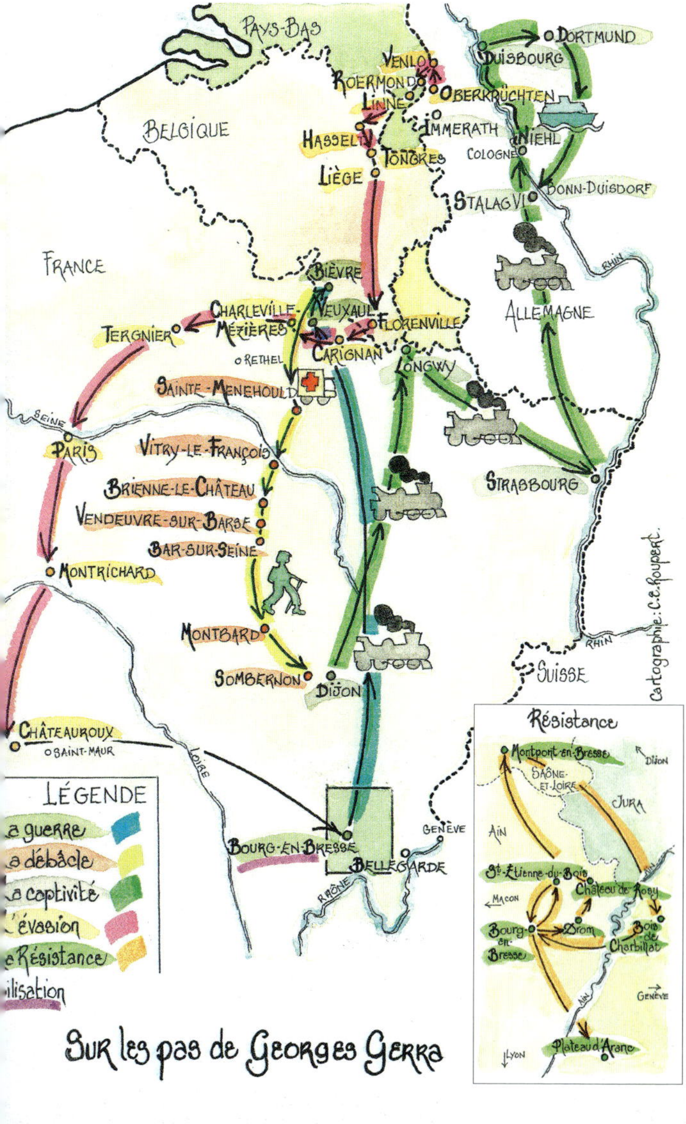

Sur les pas de Georges Gerra

La femme de Raymond Bertrand accoucha pendant la captivité de nos grands-parents. La photographie était accrochée à l'entrée du tunnel, qu'ils creusaient pour s'échapper. Il était leur mascotte.

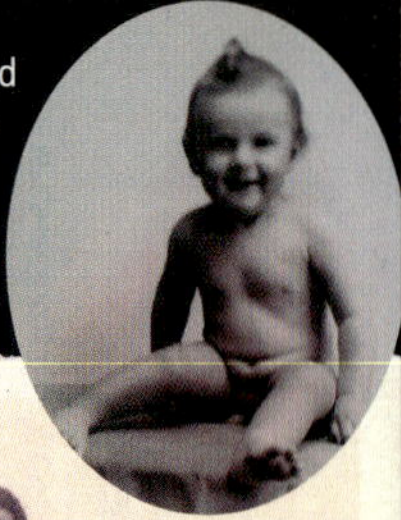

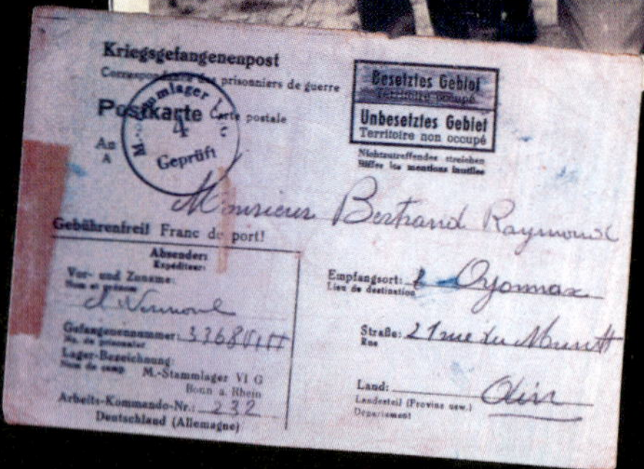

Kriegsgefangenenpost
Correspondance des prisonniers de guerre

Postkarte Carte postale

An
A

Besetztes Gebiet
Territoire occupé

Unbesetztes Gebiet
Territoire non occupé

Nichtzutreffendes streichen
Biffer les mentions inutiles

M.-Stammlager VI G 4 Geprüft

Monsieur Bertrand Raymond

Gebührenfrei! Franc de port!

Absender:
Expéditeur:

Vor- und Zuname:
Nom et prénom

Gefangenennummer: 33680 VI G
No. de prisonnier

Lager-Bezeichnung:
Nom de camp M.-Stammlager VI G
Bonn a. Rhein

Arbeits-Kommando-Nr.: 232

Deutschland (Allemagne)

Empfangsort: Oyonnax
Lieu de destination

Straße: 21 rue du Muret
Rue

Land:
Landesteil (Provinz usw.)
Département Ain

Les six évadés resteront complices après la guerre.

Carte postale envoyée par Raymond Bertrand à Oyonnax depuis le Stalag VI G durant sa captivité.

Plus de soixante-dix ans après, les petits-enfants des évadés se retrouvent. Je suis ici avec Patrick (Bertrand). Nous sommes en train de reconstituer l'histoire de nos grands-parents.

Mon grand-père avec
sa jeune femme, Yvette,
et leur petit garçon,
mon père, Jean-Christian.

Yvette, ma grand-mère
ici au début de la guerre
remet un bouquet de fleurs
au vainqueur. Elle étai
la mémoire de la famille
et me soutiendra jusqu'
son dernier souffle
Derrière elle, mon arrière
grand-père Auguste

L'équipe de rugby où joue mon grand-père. Il brillait par des accélérations fulgurantes et un jeu très rapide. Mais cela ne l'empêchait pas de jouer les jolis cœurs sur le stade.

Un match de rugby en 1942. Les soldats allemands viennent assister aux rencontres

Patrick Bertrand (à gauche) et Olivier Calvano (à droite) lors de nos retrouvailles dans le sud de la France. Nous prenons la pose en souvenir de nos grands-pères (ci-dessous à droite).

Mon grand-père et ses camarades d'évasion à table. Régulièrement, ils se retrouvent pour partager des repas. Une amitié à jamais scellée.

Mon grand-père entouré de cinq de ses compagnons d'évasion. De gauche à droite : Vermorel, Cotin, Barcelo, Bertrand, Campos.

Mon grand-père occupé à préparer un barbecue. Il adorait la nature, qu'il connaissait parfaitement bien. Pour moi, il se faisait volontiers professeur.

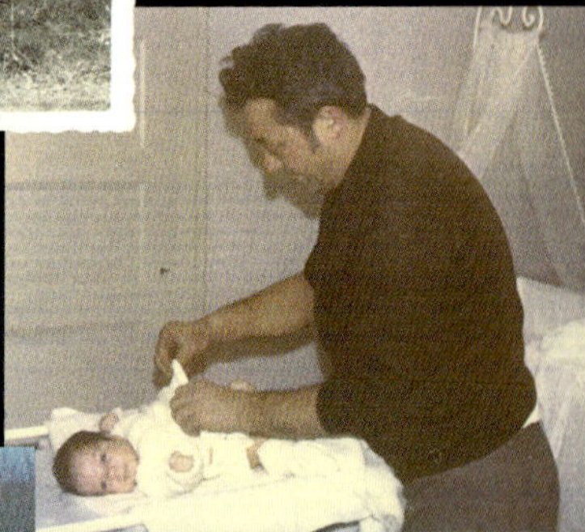

Moderne avant l'heure, mon grand-père ne rechigne pas à changer son petit-fils, et il m'accordera, jusqu'à la fin de sa vie, tous ses temps libres.

Moi dans les bras de mon grand-père avec ma grand-mère, Yvette. Sur le visage de mon grand-père, son éternelle joie de vivre...

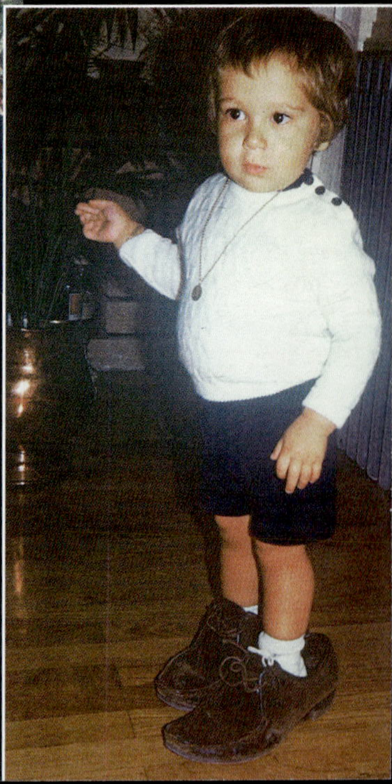

Ici, dans les chaussures de mon grand-père... Le premier cadeau que je reçus de lui fut une minuscule paire de bottes en caoutchouc, modèle réduit des siennes, à un détail près : elles étaient roses !

Mais cela ne nous émeut guère ! Ce qui nous intéresse maintenant, c'est de trouver à becqueter. Aussi les lapins et les poules, les pommes de terre nouvelles, les radis, les asperges et la salade, c'est à celui qui en mangera le plus.

[...]

La semaine passée, nous avons vu le bombardement de Bar-sur-Aube. C'était insignifiant, car ils avaient lancé des bombes d'un petit calibre. Néanmoins, leur force est grande, et les projectiles manquaient les murs à plus de 100 mètres à la ronde.

Dans une autre lettre, il note : « On est allé au front parce qu'ils n'avaient plus personne... » Même au plus fort de la guerre, l'insouciance et l'humour conservaient donc leurs droits. Avec ses copains, il s'amusait à imiter le bruit des bombes qui tombaient autour d'eux. Tant de légèreté peut nous sembler incroyable. Mais comment vivre de tels événements si on ne parvient pas à rire du péril qui vous menace ? C'est la force de l'humour : la mise à distance, qui nous fait regarder les événements, les autres et nous-mêmes sans se prendre au sérieux. Difficile, sinon, de vivre l'invivable. N'empêche ; je suis sidéré des risques que mon grand-père a courus sans autrement s'en faire. Lors de l'évasion, c'est tout de même lui qui part le dernier du tunnel...

Il a ainsi vécu entre 20 et 25 ans une époque d'insouciance. Il semble que ce soit un sentiment partagé par beaucoup de ceux qui ont traversé cette période en refusant la soumission. Je viens de tourner *En mai, fais ce qu'il te plaît*, un film de Christian Carion, durant lequel nous avons tous deux largement évoqué la Seconde Guerre mondiale et partagé nos souvenirs familiaux. En juin 1940, au moment de l'attaque allemande, lorsqu'il fallut évacuer les villages de la Somme et du Pas-de-Calais, la mère de Christian fut réquisitionnée comme éclaireuse. Elle était alors une jeune fille. Sa tâche consistait à partir à vélo en avant des colonnes de civils pour contrôler qu'il n'y avait pas d'Allemands sur les routes. Le danger était donc réel. Pourtant elle avait adoré cette mission. « On dormait à la belle étoile, on maraudait dans les champs, on n'allait plus à l'école, c'était une merveilleuse époque, l'un des plus beaux étés que j'ai vécus », confiait-elle à son fils. Sa mission la portait. Elle lui faisait oublier le danger, l'arrachait au quotidien et donnait un sens à sa vie. J'ai retrouvé dans ces propos quelque chose de la force qui avait habité mon grand-père. Sans doute le sens aigu de l'amitié épaula-t-il ces êtres lorsqu'ils traversaient de terribles épreuves où ils risquaient de tout perdre. Ils surent tout partager, le bon comme le mauvais.

*
* *

Je n'ai connu mon grand-père que pendant les dix premières années de ma vie, mais il a eu sur moi une importance capitale. C'était un homme bon, généreux, drôle. Il m'a enseigné les vraies valeurs de la vie, le partage, l'honnêteté, le sens de l'amitié, le recul… Et bien sûr l'humour. Le sien m'accompagne encore aujourd'hui. Dès que je parcours ses notes, je retrouve dans son style une forme de dérision et de légèreté qui me plaît. Ses lectures ont dû influencer son écriture. Aujourd'hui, toute sa collection de livres est chez moi. On y trouve beaucoup de romans d'espionnage, des Simenon, les volumes de la collection Le Masque, les fameux OSS 117 de Jean Bruce. Je pense qu'il a dû puiser dans ces pages le sens de la dramaturgie, du suspense et du rebondissement savamment entretenu ; tout ce que vous avez pu découvrir dans le texte que vous venez de lire. Il a été publié tel quel, à l'état brut, sans la moindre modification.

*

* *

Une image m'est revenue en ce mois de juin 2015 ensoleillé, dans le demi-sommeil du petit matin : le souvenir du premier cadeau que j'ai reçu de lui. Il s'agissait d'une minuscule paire de bottes en caoutchouc, modèle réduit des siennes à côté desquelles il les plaçait toujours, mais à un détail près : elles étaient roses, car le marchand n'en possédait plus de bleues en une si petite taille. Cela ne me dérangeait pas. J'avais les mêmes bottes que Papou !

Nous les enfilions avant d'aller les crotter lors de nos longues promenades dans les bois alentour qu'il connaissait par cœur et qui représentaient pour moi un immense terrain de jeu. Ces lieux où jadis il se cachait pour tromper l'ennemi et le combattre, que lui évoquaient-ils aujourd'hui alors que nous les arpentions en tous sens ? Je retrouve, intacts dans ma mémoire, l'apaisement de notre marche, le chant du coucou au printemps au moment des morilles, la découverte des premières giroles et des chanterelles de la fin de l'été... Comment imaginer, alors que nous cassions de vieilles branches pourries pour nous amuser, que ces bois avaient été jadis le théâtre d'épisodes héroïques de la Libération durant laquelle le fameux maquis de l'Ain s'illustra de façon glorieuse ?

Un autre souvenir de chaussures me revient en mémoire. Mon grand-père ne s'embarrassait pas de détails inutiles. En conséquence, il portait toujours le même modèle. Une fois usées, ma grand-mère allait les changer contre les mêmes, mais neuves... Pourquoi s'embêter la vie avec des détails sans importance ? Belle leçon, valable pour tant d'autres aspects de l'existence.

C'était un véritable amoureux de la nature. Jadis un instituteur les emmenait, lui et ses copains de classe, dans la montagne pour leur en faire découvrir les beautés. Il connaissait donc sur le bout des doigts les différentes variétés de plantes, d'arbres, de champignons. Je suis d'ailleurs convaincu que ce savoir l'a beaucoup aidé à survivre après son évasion. Quand il allait à la chasse il ne tuait jamais rien, le fusil restait « cassé », mais il revenait toujours de sa promenade avec un panier de champignons, des mûres, des pissenlits, et toujours sur le visage le même large sourire.

Cet amour et ce respect de la nature aussi, il me les a inculqués. Nous revenions de chacune de nos promenades avec un merveilleux butin, parfois des fruits et des fleurs, parfois des écrevisses que nous attrapions après avoir levé dans la rivière ces herbes qui ressemblent à des cheveux de fée et sous lesquelles se tenaient les précieuses bêtes. Quand nous partions tous les deux en promenade, nous nous absentions si longtemps que les autres pouvaient s'inquiéter de ne pas nous voir revenir. Un jour, en voulant grimper sur un arbre, j'avais cassé une branche et m'étais fait mal en tombant. Gros émoi au retour. Soins, pansements, ma grand-mère s'était empressée. Lui savait que ce n'était rien. Du coup, je n'avais pas eu peur.

Pas plus que je n'avais peur les soirs d'orage, lorsqu'il m'emmenait, sur la terrasse, regarder les éclairs et écouter la foudre, gigantesque feu d'artifice que nous offrait la nature. Il me rassurait. Lui qui avait connu le tonnerre de feu des bombardements me faisait m'émerveiller de ce spectacle magnifique. Souvent, ma grand-mère et mes parents venaient nous chercher de peur qu'un éclair nous foudroie. Mais nous, nous restions là, à rire. Nous étions les plus forts ! Et quand le ciel était dégagé, c'était l'étoile du berger qui nous fascinait, elle qui avait dû les diriger durant leur évasion, tout comme la mousse sur le tronc des arbres qui indique le nord. Il y avait aussi les étoiles filantes qui appelaient nos vœux muets à chaque passage. La poésie se niche parfois dans les humeurs du ciel, et ce que l'enfance a imprimé dans nos souvenirs y demeure à jamais.

Parlez-moi de la pluie et non pas du beau
temps,
Le beau temps me dégoûte et m' fait
grincer les dents,
Le bel azur me met en rage,

Car le plus grand amour qui m' fut donné
sur terr'
Je l' dois au mauvais temps, je l' dois à
Jupiter,
Il me tomba d'un ciel d'orage...

Est-ce un hasard ? La seule chanson de Georges Brassens que j'admire au plus haut point et dont j'ai jamais pu retenir les paroles par cœur, c'est *L'orage*.

*
* *

Entre nous deux la complicité était maximale. Nous avions adopté des noms de code. Il était mon « Papou », j'étais son « Bizon ». D'où venait ce terme bizarre ? Alors que je savais à peine parler, nous feuilletions un livre sur les animaux. Mon regard et mon doigt s'arrêtèrent sur la photographie de cet imposant animal des prairies de l'Ouest. « Bison ! », répétai-je alors... Bison fut ainsi l'un des premiers mots que j'ai prononcés. Il devint mon surnom, au point que certains dans mon village m'appellent encore comme ça. Pour le personnaliser un peu, il troqua le s contre un z — d'où l'orthographe de la dédicace à la fin de son carnet.

Il avait instauré des rituels qui m'enchantaient. Le dimanche matin, dès l'âge de 5 ans, il m'initiait aux délices du café-crème. Je le revois déposer au fond de la tasse une cuillérée de crème épaisse sur laquelle il versait le breuvage noir, au grand dam de ma grand-mère qui jugeait que ce n'était pas une boisson pour un enfant. Puis il coupait la ficelle de pain en deux, la beurrait avec soin, m'apprenait à tremper : suffisamment pour mouiller le pain, mais pas trop pour ne pas le réduire en bouillie et qu'il soit toujours croquant. Le sommet était atteint lors de l'apéritif. Il me faisait boire un panaché. Ma grand-mère se récriait alors : « Mais tu ne vas tout de même pas faire boire de l'alcool à ce gamin ! — Tu as vu ce que j'ai mis comme bière dans la limonade ? Ne t'inquiète pas. Allez mon bizon, goûte donc comme c'est bon… » Il m'a attiré dans le monde des adultes en me faisant découvrir la joie de vivre.

Pour rien au monde je n'aurais raté un autre rituel, celui de la sieste après chaque déjeuner. Malgré mon envie d'aller jouer, je restais près de lui, allongé sur le canapé en velours marron de la salle à manger. Bientôt j'entendais ses ronflements. Je m'endormais à mon tour. Tout était paisible autour de nous. Mais quand il ne dormait pas, interdiction de dormir ! Dès qu'il rentrait de son travail, il se précipitait pour voir où j'étais, le cas échéant me réveillait et me parlait. Une chose aussi sérieuse que la promenade ne pouvait attendre ! Nous enfilions nos bottes et partions.

Puis, notre longue promenade achevée, nous rentrions à la maison. C'est souvent lors de ces moments où la fatigue avait tendance à ralentir mes pas que, pour me faire rire, il aimait me chanter cette chanson qu'il avait dû inventer :

Les p'tits oiseaux
Ont le bec pointu
Quand ils se grattent le dos
Ça leur pique le cul.

Étonnez-vous après ça que je dise beaucoup de gros mots sur scène !

*

* *

Mon arrière-grand-père, qui possédait une entreprise de transport, avait fait bâtir trois maisons pour ses filles. Après leur mariage, mes grands-parents s'installèrent dans l'une d'elles. C'était une grande bâtisse d'allure sévère qui avait été construite dans les années cinquante grâce aux indemnités allemandes pour dommages de guerre 39-45. Elle s'orna au fil des ans des nombreuses pierres que mon grand-père rapportait de nos promenades. Il les accumulait dans des grands pots ou des bacs à fleurs, aux abords de l'entrée, sur les marches de l'escalier extérieur et le perron. « Regarde celle-ci, comme elle est belle... », me disait-il souvent lors de nos promenades quand il en avait repéré une qui lui plaisait. Cet amour l'entraîna plus loin. Un jour, il imagina d'en coller d'énormes sur le mur du salon, afin de le décorer. Ma grand-mère, de retour de courses, s'était écriée : « Mais regardez-moi ça, ce n'est pas possible, le chantier que tu m'as fait là... »

Il aimait la nature, la vie, tout ce qui venait de la terre, la pierre, le bois, les fleurs. Et bien sûr, le feu. Dans la salle à manger où il écrivait trônait une large cheminée où il avait plaisir à « faire une flambée ». Préparer un feu, assister la grande personne qui prépare papier, petit bois et bûches, quand on est gamin, relève du rituel magique. Celui-ci débutait invariablement par un spectacle qui me fascinait. Papou empoignait un journal, le tordait dans ses mains, l'enflammait accroupi devant l'âtre pour chauffer le conduit. « Regarde, regarde comme c'est beau », me lançait-il. Alors je me penchais et voyais les flammes partir dans la nuit et le mystère, très loin.

Cette cheminée renfermait d'autres sortilèges. Le 24 décembre, il fallait se coucher tôt pour laisser au père Noël le temps de disposer les cadeaux au pied du sapin. « Mais il faut arrêter le feu », disais-je à mon grand-père, sinon il risque de se brûler, le père Noël. — Ne t'inquiète pas, il sait par où passer... », m'apaisait-il. Je le croyais. Mais je n'y comprenais rien.

Sur tous ces aspects de vie, je lui ressemble. Lorsque je me promène à travers champs et bois, une modeste pomme de pin, le moindre morceau de bois tordu comme une simple fleur suffisent à mon bonheur. Je suis incapable de rentrer d'une promenade sans rapporter un de ces menus présents de la nature dont j'aime à faire partager le plaisir de la découverte à mes proches.

À côté de la maison, il y avait un bief où on allait pêcher et où il avait entrepris de m'apprendre à nager. C'était pour lui l'occasion de tourner des petits films avec sa caméra super 8. Je les ai tous conservés. J'y retrouve mes premiers mouvements maladroits de nageur. Sur un autre, nous glissons tous deux sur la surface gelée. C'est le plein hiver, il fait froid, je suis emmitouflé et je tombe presque à chaque mouvement, mais j'ai un air réjoui qui en dit long. Il y avait aussi un gros abricotier. Sur une photo je me découvre grimpé sur un muret près de la maison, en train de cueillir des abricots. C'est le début des chaleurs. Deux grands sapins disposés devant la maison procurent une ombre bénéfique. Nous sortons sur le perron. « Viens, on va voir le lézard ! Je suis sûr qu'il est encore là et qu'il nous attend », me lance mon grand-père. Un éclair sur le muret. Un lézard se faufile. Je suis persuadé que c'est le même lézard, toujours, qui joue à cache-cache avec nous. Je suis l'enfant le plus heureux du monde.

Il m'a appris les saisons, ce que chacune apporte de différent, de charme, de joie. Aujourd'hui, j'ai le besoin viscéral de les voir et de les sentir, de les humer comme une fleur. Lorsque je suis venu vivre à Paris, il y a une vingtaine d'années, ne plus les percevoir m'a profondément déstabilisé. Jusque-là j'avais toujours conservé un contact charnel avec la nature et son calendrier. Même lorsque je suivais mes études à Lyon, je rentrais le week-end dans l'Ain et retrouvais la vie campagnarde, la seule vraie à mes yeux.

Un autre bonheur était de partir dans sa voiture. Il m'installait sur ses genoux et me faisait conduire sa 2 CV jaune sable. J'ai encore la note du klaxon dans l'oreille. Nous partions dans des fermes visiter des gens qu'il connaissait et auxquels il offrait un panier de champignons fraichement cueillis en échange de cerises ou d'autres fruits du verger.

*

* *

Pendant mes premiers mois de vie, la maison de mes grands-parents fut la mienne. Comme mes parents travaillaient tous les deux à Bourg-en-Bresse, c'étaient eux qui s'occupaient le plus souvent de moi. Sur une photo, on voit mon grand-père me changer. Son idée était de m'enlever mes couches pour que je puisse pédaler à mon aise et que j'aie de l'air… Beau symbole de liberté ! Lui était si bien dans sa peau, si équilibré, si habité d'une force intérieure qu'il communiquait sans peine ses valeurs au petit être que j'étais. Dès qu'il s'occupait de moi, d'aussi loin que je me souvienne, je me mettais à rigoler, tant sa joie de vivre était communicative. Depuis, elle ne m'a plus quitté.

C'est aussi grâce à lui que j'ai vécu mes premières années au milieu de la musique. Il était président de la fanfare du village, et même s'il ne jouait d'aucun instrument, il adorait la musique et les chansons. Je lui ressemble ; mélomane mais pas musicien. J'aurais pourtant aimé jouer de la guitare, parce qu'on peut l'emmener partout, ou du saxophone, à cause de mon amour pour le jazz. Et bien sûr du piano. Qui ne voudrait savoir jouer du piano ?

Je lui dois mon premier tourne-disque, mes premiers vinyles que nous faisions « jouer » à tue-tête dans la maison. Le premier 45 tours que j'ai eu, c'était Michel Sardou, *Les Bals populaires*, et le premier 33 tours, Jo Dassin. On les écoutait ensemble, et je chantais dessus. Je me souviens aussi de deux grandes amours de mon grand-père, *Sacré Félicien* de Jean Ferrat, et *Mes universités* de Philippe Clay. Certains programmes du petit écran faisaient aussi nos délices, au point qu'aujourd'hui, l'essentiel de ma mémoire télévisuelle reste associée à ce temps de la première enfance. Pour rien au monde nous n'aurions manqué une *Histoire sans paroles*, ce qui n'est pas innocent quand je pense à une partie de mon répertoire actuel orienté sur le mime. Et chaque fois que le générique de *La Piste aux étoiles* retentissait, je savais que le spectacle n'allait pas tarder à m'émerveiller. Mes yeux n'étaient pas suffisamment grands pour capter tout le bonheur que les artistes allaient déverser sur moi.

En société, j'étais un petit garçon très sage. J'écoutais ce que les gens disaient autour de moi, jusqu'au moment où Papou me demandait : « Allez, chante-nous un truc. » C'est lui qui, le premier, m'a fait monter sur une table pour chanter ; que ce soit en public au café, ou à la maison, quand des amis étaient là. Dès l'âge de 5 ans, j'interprète *La Bonne du curé* d'Annie Cordy, tablier noué autour de la taille, ou bien les chansons de Pierre Perret, de Carlos. Ma passion pour l'imitation vient de là. En somme je joue au comique de fin de banquet ! Et ça marche, on m'applaudit, le public en redemande…

Je lui dois ma première émotion scénique. La scène se déroule sur les planches de la salle des fêtes du village de Mézériat, à l'occasion du concert annuel de la fanfare. Il m'a fait revêtir mes plus beaux habits car, m'a-t-il expliqué, on doit toujours être élégant quand on monte sur une scène. À la fin de la représentation, il me présente à l'assistance et j'entonne dans la foulée l'un de mes grands classiques, *Les Bals populaires*. Je suis ébloui par cette rampe de lumière et j'ai encore en mémoire l'odeur des coulisses poussiéreuses aux vieux décors entassés. Il n'y a pas de sono, je chante donc *a capella*, ce qui est une rude école pour débuter ! Une partie du village a pris place sur les chaises en plastique tressé rouge et jaune. Le public m'écoute et m'applaudit, que demander de plus ? Ce jour-là, j'ai été à la lettre attiré par ce qu'on appelle « les feux de la rampe ». Et j'ai compris que, plus tard, je voulais en faire mon métier. C'est d'ailleurs vers cette époque que mon parrain Joël m'a offert un micro bleu avec des baffles.

L'année suivante, mon grand-père décide que je dois remettre ça. Pour cette seconde édition je ne me suis pas seulement « fait beau » ; je me suis costumé. Je porte la cape d'Arsène Lupin et un chapeau haut-de-forme, l'uniforme de Georges Descrières dans le feuilleton phare de la télé en noir et blanc. Pendant que la fanfare exécute ses morceaux, je n'arrête pas de demander à mon grand-père si c'est bientôt à mon tour de monter sur scène. Le moment crucial arrive. Mais les choses se passent moins bien que la première fois. J'interprète *Gentleman cambrioleur* dans une semi-indifférence. Les spectateurs commencent à partir et ne me jettent qu'un regard rapide. En deux prestations scéniques j'ai ainsi fait le tour de la question : succès un jour, four un autre...

Je n'aurais pas imaginé faire cette carrière sans lui. Je lui dois le déclic d'une passion qui est devenue le moteur de ma vie. Je repasse souvent devant la salle où je me suis produit pour la première fois. Elle jouxtait le monument aux morts où il m'emmenait tous les 11-Novembre.

Cette salle des fêtes est devenue salle polyvalente, quel nom affreux ! Je préférerai toujours la fête à la polyvalence. Et chaque fois, je repense à mes premiers pas de baladin. Merci, Papou.

Je n'ai d'ailleurs pas fini de découvrir de nouveaux signes de notre mimétisme. Je relis son carnet tout en rédigeant ces notes et me rends compte avec étonnement que lui et moi avons un peu la même écriture, inclinée, toute en rondeurs. J'ai acheté un chalet dans la région où il a vécu sa jeunesse, au Freney, près de Modane. Et puis, dans tous les lieux où je vis, Lyon, Paris, j'ai une cheminée où j'ai plaisir à « faire une flambée ». Lorsque arrivent les fêtes de fin d'année, j'installe un sapin de Noël et une crèche pour respecter un rituel familial plus que religieux. Nous restons ensemble, lui et moi, à travers les années et au-delà de la séparation.

*

* *

Le dimanche soir se déroulait un mini-drame : il fallait quitter la grande maison de Mézériat et rentrer à Seyssel, à l'autre bout du département avec mes parents. Je me cachais derrière un canapé, je pleurais, je ne voulais pas partir. Il fallait m'extraire de mon refuge et me coller dans la voiture pour subir ces deux heures de route que je détestais. Pour moi, chaque week-end chez mes grands-parents signifiait les vacances, la joie, les chansons, la télé… Alors que le retour à la maison voulait dire l'école dès le lundi matin, un endroit qui m'angoissait et où j'avais l'impression d'être emprisonné.

Mes parents subissaient alors la double peine : me voir dans cet état et être contraints de jouer les rabat-joie. À force de persuasion, ils finissaient par m'embarquer. Très vite, je m'endormais dans la voiture, de sorte que je ne voyais rien de ce voyage tant redouté. À l'arrivée, mon père me posait délicatement comme un sac inerte sur mon lit, dans ma chambre de l'appartement.

*
* *

Aujourd'hui, quand je repense à la joie que je lisais dans les yeux de mon grand-père lorsque nous étions ensemble, je me dis qu'après toutes les épreuves qu'il avait traversées, ma naissance avait dû correspondre à une période d'apaisement. Dans sa vie, ce sont les années où tout va bien. Ma grand-mère et lui avaient tout pour être heureux, et ils le furent. Ensuite il fut atteint d'un cancer insidieux qui lui causait de grandes souffrances. Il les taisait. Mais au fil des trois ou quatre années que dura sa maladie, il dut garder de plus en plus souvent la chambre.

À cette époque, nous avions pris l'habitude de regarder la série américaine *Daktari* qui se déroulait au milieu des bêtes sauvages. Il avait inventé qu'à l'aide de faux talkies-walkies faits avec des mètres de charpentier, nous nous passions mutuellement commande d'animaux. Après, nous avons eu de vrais talkies-walkies, mais il ne jouait plus beaucoup, sa maladie le fatiguait trop. J'étais alors le seul à pouvoir rentrer dans sa chambre. Parfois ma grand-mère m'en empêchait. J'avais du mal à comprendre pourquoi. Comme il n'évoquait jamais sa souffrance, je ne pouvais la percevoir ; elle était pourtant intense. Vint un moment où il fut trop fatigué pour jouer avec moi. Son élégance, alors, fut de prendre les choses à la blague : « Tu es grand maintenant, on ne va plus jouer à ça… » Ce n'était évidemment pas la vraie raison. Peu à peu tout devint silencieux autour de lui. Il dormait beaucoup.

J'aime à penser qu'à travers moi, il a vécu ses belles dernières années. Mais quel destin ! Avoir subi tant d'aventures et couru tant de risques, en avoir triomphé pour être ensuite rattrapé par la maladie… Pour autant son fameux sourire ne le quitta jamais. Sur la dernière photo que je possède de lui, on le voit marqué par la maladie, mais il est au milieu de ses copains et il sourit toujours. Il est mort un ou deux mois après.

*

* *

Pour ses obsèques, le cimetière était rempli. Des personnes mal intentionnées, des culs-bénits, sans doute ces « bons Français » dont il parle dans son carnet, avaient dit à ma grand-mère : « S'il ne passe pas par l'église, il n'aura personne à son enterrement. » Je crois qu'on n'a jamais vu telle foule au cimetière de Mézériat.

J'avais 10 ans. Son départ a été pour moi une immense douleur. C'était la première fois que j'étais confronté à la mort. J'ai eu du mal à m'en remettre. Aujourd'hui, je ne vais plus voir les disparus. Je préfère garder en mémoire l'image d'eux vivants que de devoir m'incliner devant des morts. Mais, comme me l'a dit récemment Gérard Depardieu : « Ils sont avec nous et tu vas voir, ils t'envoient des signes et c'est très beau... »

Destins croisés

À quelques encablures de ces hauts lieux de la Résistance où s'était engagé Julot se trouve un petit village entre Bourg-en-Bresse et Mâcon : Mézériat.

Mon arrière-grand-père, Auguste Marin, y possédait une entreprise de transport. À cette époque les camions marchaient au bois, les fameux « gazogènes ». Auguste, lui aussi entré dans la Résistance, cachait des armes dans les tas de bois qui servaient à alimenter ses camions. La nuit, son épouse Lucie, mon arrière-grand-mère, faisait des signes aux avions alliés dans les bois avoisinants afin que ceux-ci leur parachutent les précieuses armes.

Toute une famille se trouva ainsi plongée dans la Résistance. Ma grand-mère Yvette, alors étudiante à Bourg-en-Bresse au lycée Lalande, lycée où j'ai moi-même sévi et passé mon baccalauréat, chantait à tue-tête avec ses amis dans les caves par le soupirail *It's a long way to Tipperary* et *La Marseillaise*, alors qu'elles étaient regroupées pendant les bombardements. Une manière de faire enrager l'occupant et de garder le moral. Avec le recul, elle m'avoua plus tard que c'était de l'inconscience. Les rares fois où elle parlait de la guerre, à la différence de son mari, elle n'évoquait pas un épisode d'aventures plus ou moins drôles, mais une période terrifiante.

Car la peur était omniprésente. Filles de résistants, elle et ses sœurs se sont senties menacées durant toute la guerre, et ce jusqu'au dernier moment. Elle m'a raconté que mon arrière-grand-père avait pris ses jambes à son cou en entendant des chars arriver... Finalement, c'étaient les Américains ! La guerre était finie. Mais dans un premier temps, la peur de voir revenir les Allemands dans le village avait été la plus forte.

La vie reprit alors son cours dans une France anéantie et pauvre.

*

* *

Vint le moment de la rencontre. Nous sommes en 1944, Yvette fait la connaissance de Georges. Elle travaille chez un transporteur de Bourg-en-Bresse, lui est mécanicien chauffeur. C'est le coup de foudre. Ils se marient en 1945 à la mairie de Mézériat avant de partir en voyage de noces à Bourg-en-Bresse, à 15 kilomètres... De cette union naîtra mon père, Jean-Christian, dit Nanou, le 5 septembre 1946, qui restera fils unique.

Tous deux s'adoraient. Lui était bel homme. Les photos le montrent, à 45 ans, avec un physique un peu marqué par la guerre, les épreuves, les privations, mais la silhouette a de la classe, entre Victor Mature et Dean Martin, avec un côté italien : cheveux très bruns, une belle carrure, une vraie présence.

La mort les a séparés trop tôt. Lui est parti à 57 ans, alors qu'elle en avait 50. Elle lui survivra près de quatre décennies et mourut à 88 ans. Elle vivait depuis des années dans la petite maison que mon grand-père avait entrepris de faire construire pour nous une maison de plain-pied, d'accès plus facile pour elle, car elle perdait la vue. Veuve assez jeune, elle n'avait pas pour autant refait sa vie. Au demeurant, je me demande avec qui elle aurait bien pu la refaire, car avec son mari, la barre avait été placée si haute...

Après le décès de mon grand-père j'ai pris son relais auprès d'elle, m'en occupant autant que je le pouvais, venant passer du temps en sa compagnie le plus souvent possible. Lorsque le carnet de son mari fut rendu public grâce à Patrick Sabatier, elle se montra très pudique. C'était une femme remarquable, élégante et discrète, attentive aux autres, excellente cuisinière, très cultivée et s'intéressant à beaucoup de choses, en un mot la grand-mère qu'on aurait tous voulu avoir.

Peu de temps avant sa mort, elle m'a demandé de trier des photos et de me dire ce qu'il y avait dessus. Je les ai passées en revue une par une et les lui ai commentées. Elle en fut émue et heureuse. Certaines d'entre elles lui étaient sorties de la mémoire. Par la suite j'ai pensé qu'elle avait dû sentir la fin venir. Elle avait alors voulu que le dernier regard sur ces photos qui résumaient toute une vie soit le mien, et que je lui procure cet ultime plaisir en les lui décrivant.

Ma grand-mère nous a quittés le 8 octobre 2014. Pas plus que son mari jadis, elle non plus n'est pas passée par l'église. Mais comme pour son mari, le cimetière était rempli de gens en pleurs.

*
* *

Récemment, je suis allé passer un week-end dans l'Ain pour faire le tri dans ses affaires et en récupérer certaines, car nous avons pris la décision de vendre la maison. Une fois encore, j'ai pu constater que la mémoire dormait dans les objets jusqu'à ce que nous venions l'éveiller. Le grand-père Raymond Bertrand, le plus proche ami de captivité de Julot, avait l'habitude de nous donner de menus objets en plastique qu'il fabriquait dans sa petite entreprise, porte-clés, broches, figurines… Cela faisait des décennies que je ne les avais pas revus. Et le premier carton sur lequel je tombai dans la maison était plein de ces petits objets qui, instantanément, me ramenèrent à mon enfance. Tout ce qui concerne le passé et mes grands-parents resurgit alors, comme par miracle. On dirait que je n'ai qu'à me mettre à chercher pour trouver. Je ne peux m'empêcher de me dire que mes grands-parents m'envoient ces fameux signes.

Et voilà que dans une armoire je retrouve un carton à chaussures rempli de lettres écrites par Julot. Je n'en avais jamais eu connaissance. Elles sont au nombre d'une trentaine. Il les a écrites pour certaines à son frère pendant la guerre, pour d'autres à sa fiancée, après son retour. Il s'agit pour ces dernières de très belles lettres d'amour. Je les ai tenues entre mes mains et lues avec émotion. On les dirait écrites d'hier ; loin de la lumière, au fond de leur boîte, leur encre s'est parfaitement conservée. Elles sont d'une beauté incroyable et d'une poésie remarquable. Soixante-dix ans après, alors que je me penche sur leur vie à tous deux, ces lettres me reviennent comme un signe du destin.

Ainsi cet extrait d'une lettre envoyée à sa fiancée Yvette en mars 1945 :

Mon grand amour, celle que j'aime et que j'aimerai toujours...

Toute la semaine je me promène en pensant bien souvent à toi. J'ai repassé hier par les petits chemins de nos premiers amours. J'ai revu les buissons d'aubépines où l'on se blottissait lorsqu'il faisait si froid. Et là j'ai trouvé, blotties comme nous, quelques humbles violettes que je te fais parvenir dans ma lettre.

L'enquête

3 juin 2015

Je suis dans le train qui m'emmène à Lyon. Grâce à mes recherches et aux hasards de la vie, je vais rencontrer Patrick Bertrand, petit-fils de Raymond Bertrand, camarade d'évasion de Julot. Je suis à la fois fébrile et ému car nous allons tenter de croiser les témoignages de nos aïeux. Et cela à Lyon, haut lieu de la Résistance… tout un symbole.

À la fenêtre de mon wagon, tandis que la campagne verdoyante défile, je repense à cette question que j'avais posée à mon père : « Mais comment l'envahisseur allemand pouvait-il occuper un si grand territoire ? — Ils étaient bien aidés sur place. » C'était frappé au coin du bon sens, et son père n'aurait pas renié ce bon mot !

Les nouveaux éléments que je retire de mon enquête me permettent d'y voir plus clair dans l'enchaînement des faits. Leur évasion avait été méticuleusement pensée et préparée. L'épouse de Raymond Bertrand lui envoyait des lettres à double épaisseur qui cachaient dans leurs replis du poivre moulu. Celui-ci devait constituer une aide précieuse pour les évadés : il égarait les chiens des Allemands.

Patrick m'apprend aussi que les époux Bertrand communiquaient grâce à un code secret connu d'eux seuls. Autre exploit, madame Bertrand parvint à envoyer à son mari une boussole en pièces détachées, qu'elle avait cachées dans des pots de confiture et de café. Mais l'anecdote la plus touchante que m'a relatée Patrick reste celle-ci : Raymond Bertrand a été fait prisonnier alors que sa femme était enceinte. À la naissance de leur enfant, elle envoya une photo de celui-ci à son époux. Cette photographie du bambin était accrochée à l'entrée du tunnel, et chaque fois que les prisonniers partaient creuser, ils envoyaient un baiser à l'intention du cliché... C'était leur mascotte, le porte-bonheur qui leur donnait du courage. Bien des années plus tard, lorsqu'il croisait le fils de Raymond Bertrand dans le village, mon grand-père, qui ne perdait jamais une occasion de faire un bon mot, lui lançait toujours : « J'te connais, toi ! J'ai vu ta bouille pendant deux ans au stalag ! »

À ce propos, j'ai ressenti une autre émotion en relisant le texte de mon grand-père : les captifs se sont sentis libres à partir du moment où ils ont pensé à l'évasion. Le reste appartenait à l'exécution du projet, ce qui n'était pas rien, mais dans leur tête, l'essentiel de la démarche était accompli. Lorsqu'ils adressaient un signe à la photo du gamin, c'était donc aussi un salut, une manière de lui dire : « On va te retrouver ». Ils avaient la hargne, l'énergie, ils ressentaient de façon si violente et pénible ce sentiment d'enfermement qu'ils n'avaient pas d'autre solution que de fuir leur prison. L'abnégation, le recul, l'ironie qui les habitaient et le sens de la débrouille ont fait que leur plan a pu être mené à bien, j'en suis intimement convaincu.

Je ne peux que les comprendre. Enfant, je n'avais qu'une hâte, m'échapper par tous les moyens de l'école. Toujours, une certitude m'a habité : ça doit être quand même mieux de l'autre côté des grilles. Est-ce la raison pour laquelle, depuis maintenant deux décennies, je parcours les routes pendant une bonne partie de l'année ? Sans doute. J'y prends un plaisir trop vif pour que ce nomadisme ne corresponde pas à ma nature. Il est vrai que je suis petit-fils et arrière-petit-fils de transporteurs, une lourde hérédité. Comme pour d'autres traits de caractère, cette hérédité aime jouer à saute-mouton à travers l'arbre généalogique. Mon père, lui, est un sédentaire endurci. Il répugne à quitter son village.

Autre chose me frappe à l'intérieur de ce groupe de prisonniers : leur sens de l'amitié. Et cet attachement se prolongera bien après la période de réclusion. Même sur les clichés plus récents, mon grand-père et Raymond Bertrand sont toujours côte à côte. L'esprit de camaraderie reste présent dans les moments les plus difficiles. Psychologiquement, ceci a dû beaucoup compter dans l'élaboration de leur plan d'évasion. Je les sens soudés, prêts à tout endurer, dotés d'un moral à toute épreuve. Un détail ne trompe pas : alors que, dès leur capture, un copain leur propose à tous deux de s'évader, Julot répond : « Non, nous avons nos camarades qui nous attendent au camp, et ça c'est sacré ! »

Ils seront restés prisonniers deux ans et demi, exactement 912 jours. Et ils mettront dix mois pour creuser ce tunnel qui va les mener à la liberté. Le scénario n'est pas sans rappeler celui du film de John Sturges, *La Grande Évasion* – le tunnel sous le poêle, la terre qu'on évacue dans les jardins, les chiens qui rôdent, etc. D'ailleurs, enfant, c'était le seul film que j'avais le droit de regarder lorsqu'il passait le dimanche soir à la télévision ! Sans doute mes parents et grands-parents estimaient-ils que, d'une certaine façon, il appartenait à l'histoire familiale.

*

* *

Depuis ma première rencontre avec Patrick, les choses avancent bien. Nous essayons chacun de notre côté de reconstituer le puzzle, de trouver de nouveaux éléments, de nouveaux témoignages. Il a lu (« dévoré », dit-il) *Cette année, les pommes sont rouges*. Et lorsque je lui demande s'il a aimé le livre, il me répond illico : « Oh que oui ! Tu as raison, on a l'impression que les difficultés vécues passent au second plan… Quelle leçon d'humilité ! » Nous partageons donc ce même sentiment : il y avait chez ces hommes une forme d'inconscience et de solidarité à la fois. Mais surtout il m'annonce que des tas de détails que lui avait racontés jadis son grand-père lui sont revenus. Par exemple, que les Polonais se seraient évadés après eux, ces fameux Polonais pour lesquels nos grands-pères et leurs copains codétenus avaient tapé dans la cagnotte afin d'acheter le silence. Deux précautions valant toujours mieux qu'une, les copains avaient gardé secrète la date de l'évasion jusqu'au dernier moment. Les Polonais, eux, ont eu moins de chance. Ils auraient été repris, m'apprend aussi Patrick. Par la suite, deux d'entre eux se seraient à nouveau évadés. Bien malin le geôlier qui parvient à faire passer à ses détenus le virus de l'évasion !

Cabourdin, Campos, Barcelo, Vermorel, Cotin, tels sont les cinq autres camarades dont Patrick et moi voudrions maintenant retrouver la trace ; pour à nouveau partager leur sort, comprendre leur aventure, revivre ce qu'ils ont vécu. Prenant sa mission très à cœur, Patrick décide de lancer des recherches plus approfondies. Il réussit à contacter la veuve de Barcelo (dit « le Loufiat ») qui lui avoue n'avoir conservé que très peu de souvenirs de son mari, si ce n'est une petite valise de jeux (cartes à jouer et autres) qu'ils utilisaient en captivité.

Puis, étant donné que nous sommes à Lyon, nous nous penchons sur le cas de Campos, qui fut secrétaire de mairie à Oullins, commune avoisinante. Par recoupement, Patrick réussit à retrouver madame Campos, 94 ans, veuve de Jean. La chance continue : comme Campos était du genre à tout noter, un carnet existerait dans la famille, qui nous sera d'un précieux secours. Soixante-dix ans après les faits, nous nous replongeons dans ce passé héroïque avec émotion et le désir de faire savoir qui ils étaient. « Je crois qu'ils seraient heureux de nous voir ensemble… », murmure Patrick. Je suis d'accord avec lui.

Je voudrais du fond du cœur le remercier. La manière dont il s'est investi dans cette histoire nous a fait avancer de façon incroyable. Lui aussi est très sensible au devoir de mémoire, à la transmission. Nous en avons beaucoup parlé au cours de nos entrevues. Nous sommes animés par la même envie de dire au plus grand nombre à quel point ces hommes et ces femmes, anonymes au milieu du chaos de la Seconde Guerre mondiale, ont été les éléments essentiels de la liberté.

Nos recherches continuent donc.

*
* *

12 juin

J'écris ces lignes alors que je suis en tournée dans toute la France, comme je le fais depuis vingt-cinq ans. Et je réalise que je suis passé bon nombre de fois sur les routes et dans des lieux qu'il a dû fréquenter, il y a plus de soixante-dix ans, pour combattre l'ennemi, puis le fuir, et le combattre à nouveau. Il avait 20 ans, j'en ai 47, âge auquel il a été grand-père. Ce jour-là, le 29 décembre 1967, il avait accroché les guirlandes subtilisées au sapin de Noël autour de la toque qu'il portait sur la tête et traversé le village muni d'une pancarte avec cette inscription : « Vive l'heureux grand-père ! »

Il aurait été fier que je tourne dans un Simenon à la télé. Ma grand-mère, qui a suivi toute ma carrière depuis ses débuts, en était très heureuse. Elle venait régulièrement me voir en spectacle, et cela jusqu'à la fin, entre autres lors de mon dernier passage à l'Olympia. Elle me répétait souvent : « Si ton grand-père te voyait, lui qui t'a fait monter sur scène, qu'est-ce qu'il serait fier de son petit-fils… » C'est pour cela que j'aimerais tant savoir quels sont les artistes qui sont venus dans le cadre du théâtre aux armées et dont il ne mentionne pas les noms. Cela me permettrait de savoir quels interprètes il aimait et applaudissait, et cela me le rendrait encore plus proche.

*
* *

Patrick poursuit son enquête. Nous essayons désormais de retrouver les descendants de Cabourdin, celui qui porte le surnom de « boucher des Charentes ». Mais il existe des centaines de Cabourdin en France. Et même si nous nous concentrons sur la région Poitou-Charentes, nous avons peu de chances de retrouver des membres de la famille du camarade Cabourdin de nos deux grands-pères.

Je reprends une lettre de Raymond Bertrand datée du 5 décembre 1948. Il évoque le départ de Cabourdin pour Sommesous, dans la Marne. Je téléphone immédiatement à Patrick. Nous faisons fausse route, il nous faut plutôt rechercher du côté est de la France. Banco ! Remontant la filière grâce au numéro de sécurité sociale, Patrick réussit à contacter les fils de Cabourdin. Une aubaine. Notre enquête est jalonnée de coups de sonde dans le passé qui sont autant de succès, validant ainsi la phrase de Jean Cocteau : « Il n'y a pas de hasard, il n'y a que des rendez-vous. »

Nous découvrons le pourquoi de ce surnom énigmatique. En fait le « boucher des Charentes » était le nom de code donné par de Gaulle à ce tireur d'élite émérite, le premier sur trois cents au front de libération à Épernay. Arrêté dans la poche de Dunkerque au début de la guerre, puis fait prisonnier, il s'était retrouvé au STO dans les usines Krups. Il y exerçait la fonction de « rectifieur de vilebrequin », mais se révéla en fait un éminent saboteur : il n'hésitait pas à bousiller les pièces qui lui passaient entre les mains ! Les Allemands décidèrent alors de l'envoyer au Stalag VI G sans doute afin qu'il travaille dans une ferme, où il serait moins nuisible à la production allemande. C'est là qu'il rencontra mon grand-père et décida de s'évader. Il est donc lié à l'histoire du tunnel. Nous apprenons que les copains creusaient surtout le dimanche matin, quand les Allemands étaient à la messe, afin que ces derniers n'entendent pas les coups de pioche. Nous avons aussi la confirmation que le tunnel creusé sous le poêle mesurait une dizaine de mètres.

Après son évasion, Cabourdin devint un résistant notoire ; il était même pressenti pour faire partie du commando qui devait libérer Jean Moulin. Il refusa pourtant l'ordre de De Gaulle, se doutant que ces hommes partaient au cassepipe.

Il existe également une lettre datée de 1946 d'une femme allemande (cf. en annexe) que les prisonniers ont côtoyée à la ferme. Une fois la guerre finie, cette femme leur demandait s'ils avaient eu des renseignements ou des nouvelles de ses fils faits prisonniers par les Américains... Je ne l'ai pas retrouvée dans les affaires de ma grand-mère. Mais une fois de plus, le hasard fait bien les choses. Les fils du « boucher des Charentes » ont montré à Patrick l'original de la fameuse lettre. Leur père l'avait gardée précieusement. Elle est écrite en français, sur un ton sobre et plein de sensibilité, elle referme la boucle : les vainqueurs d'hier sont devenus les prisonniers d'aujourd'hui. Et les survivants du désastre sont devenus des proches. Les grands équilibres humains, les seuls qui comptent, sont donc rétablis. Je l'ai selectionnée parmi le choix des photos que je présente.

*
* *

18 juin

Je suis en tournée à Alençon, et une fois de plus, mes pensées me ramènent vers mon grand-père, son cahier, les aventures qu'il a vécues...

Je songe qu'en 1939, il avait juste 20 ans. C'est inouï. En général, à 20 ans, on est empoté. Lui me semble au contraire drôlement éveillé et débrouillard. C'est sans doute dû à l'école de la vie, dans laquelle il est rentré dès la fin de ses études, vers l'âge de 16 ans. Mais c'est un fait : toujours il restera du côté de la force, du vivant.

La preuve : après l'évasion, au lieu de rentrer tranquillement chez lui, il entre dans la

Résistance. Quel courage, quelle simplicité ! Nulle naïveté cependant. Deux ou trois phrases, à la fin des carnets, viennent désamorcer le soupçon qu'une lecture trop rapide aurait pu faire naître :

Je voudrais connaître le nom du grand stratège qui donna l'ordre de faire monter au front le 108e RIA en une nuit. C'étaient les conscrits du 1er contingent de la 39. 40 000 hommes de troupes fraîches pour boucher la trouée de Rethel sans artillerie, sans avions, sans chars et sans général. Le Grand PC nous avait laissés tomber royalement. Notre commandant était fou de rage et c'est les larmes aux yeux qu'il nous donna l'ordre de repli.

C'est ce qui s'appelle envoyer à l'abattoir.

Je conçois sans peine cette pointe d'amertume. La séquence guerre-prison-évasion-Résistance aura tout de même duré cinq ans, ce qui n'est pas rien dans une vie. Dans ces conditions, éprouver du dégoût devant tant de gâchis peut se comprendre. Et l'exprimer en une seule phrase montre la discrétion du personnage. Jamais, par exemple, il n'écrit qu'on lui a volé sa jeunesse. À l'inverse, il garde toujours le sourire face à la mort.

En fait, il ne cesse de nous donner une leçon de vie, modeste mais toujours bienveillante. Dans le wagon où ils sont parqués comme des bêtes, il trouve le moyen de s'installer près de la lucarne, à l'air frais… Bien sûr, il faut régulièrement vider la tinette, mais c'est le prix à payer pour être tranquille. C'est aussi là un trait de caractère typiquement français, fait de débrouillardise et de mise en œuvre du système D. Dans la catastrophe comme dans la vie de tous les jours, il y a le troupeau et il y a les autres. Et pourquoi nier qu'on aimerait tous connaître la petite astuce pour s'échapper du troupeau ?

Évadé d'un camp en France, engagé dans la Résistance dans les maquis de l'Ain, il se retrouve donc dans un autre camp, cette fois-ci dans les bois et la montagne, avec des maquisards qui y préparent leurs plans d'action, se cachent, et trouvent parfois un peu de repos. Les camps du maquis de l'Ain ont eu une importance primordiale dans le cadre de la libération du département. Dans un document de l'INA, j'entends le commentaire suivant : « L'Allemagne a ses camps de concentration, la France a ses camps de liberté. »

Il faut avoir en mémoire l'importance de ces maquis de l'Ain, du Haut-Jura, de la Haute-Savoie, de l'Isère, mais aussi de la proximité de la ville de Lyon, primordiale pour les communications, les contacts, les ordres de mission. Dans le livre du colonel Romans-Petit, sur lequel je suis tombé dans la bibliothèque de mes parents comme s'il n'attendait que ma venue, on apprend à propos des maquis de l'Ain que sur un département de 600 km^2, on comptait 5 600 résistants. L'armement était envié par tous les maquis, la logistique était impressionnante. L'efficacité de ce maquis a sans doute beaucoup dû à sa configuration. La nature du terrain, le relief des montagnes peu élevées, des forêts profondes où se cacher, des plaines qui facilitaient aussi l'atterrissage d'avions et le parachutage (grâce notamment au colonel Heslop de l'armée britannique), tout cela constituait un ensemble d'éléments forts qui, venant s'ajouter au courage des hommes, ont permis des actions d'éclat et de belles victoires sur l'occupant.

Et puis, il y eut ce fait marquant et révélateur de l'état d'esprit des maquis de l'Ain que je veux rappeler : à Oyonnax, en pleine guerre, le 11 novembre 1943, les maquisards n'hésitèrent pas à défiler dans les rues avant de déposer une gerbe en forme de croix de Lorraine au monument aux morts avec cette inscription : « Les vainqueurs de demain à ceux de 14-18. » Un défi incroyable aux Allemands, et une belle preuve de courage !

*

* *

1er juillet

Je suis dans le train qui me mène aux Pays-Bas pour le départ du Tour de France et je traverse la Belgique. Finalement, j'accomplis le chemin inverse que mon grand-père a parcouru après son évasion ! Et cela, au moment où des éléments nouveaux viennent de me parvenir par le biais de Patrick.

Grâce à sa persévérance et à la collaboration des frères Cabourdin, de nouvelles pièces du puzzle apparaissent. Patrick me transmet ainsi un bref résumé fait par son grand-père de leur longue errance après l'évasion. C'est un texte sobre et factuel où l'on ne trouve aucune trace des dangers réels et où toutes les personnes rencontrées se montrent charmantes. Une fois de plus, je suis stupéfait de voir combien ces gens-là ne cherchaient jamais à appuyer les effets. Voici la totalité de cette lettre, dont le ton sobre me touche autant que la précision factuelle.

Mois de mai 1942,

Avec cinq camarades nous décidons de nous évader de notre kommando N° 713 à Oberkruchten. Ce kommando comprend 35 prisonniers de guerre, tous français, gardés par six soldats allemands. Nous scions les planches du parquet sous le fourneau et, petit à petit, nous faisons un tunnel donnant sur le dehors par une porte.

Vers le mois d'octobre notre travail est terminé et nous décidons de partir le 18. À 24 heures environ c'est le départ. Dans la journée, quatre camarades se sont décidés à partir avec nous. Nous sommes douze, nous partons, notre groupe de six et deux groupes de trois séparément.

Nous passons la frontière Allemagne-Hollande à 6 kilomètres environ d'Oberkruchten. Nous marchons toute la nuit, nous nous couchons le jour, et le soir nous sommes à Odilberg (Hollande) à 6 kilomètres au sud de Roermond. Imprudence, nous traversons le village à 24 heures par groupes de deux distancés de 15 à 20 mètres. Sur la place du village, deux de mes camarades sont interpellés en allemand puis emmenés.

À quatre, nous continuons notre route. 6 heures, nous traversons la voie ferrée Maestricht-Roermond. Nous demandons asile chez un cultivateur qui nous accueille fort bien (M. Chamers). Nous passons la Meuse sur le bac à Thorn. Nous nous couchons le jour dans le cimetière et la nuit nous passons la frontière Hollande-Belgique ; nous arrivons dans un petit village près d'Hasselt (Belgique). Un cultivateur nous héberge et nous donne tous les renseignements pour arriver à la frontière française.

Le lendemain, nous prenons le train à Hasselt pour Liège via Tongres. À Liège, nous allons à la gare Augagneur. Dans l'après-midi, nous prenons le train pour Florenville. À Florenville, nous couchons dans une ferme près de la frontière. Le lendemain matin nous passons la frontière Belgique-France, arrivons à Carignan (Ardennes) où nous sommes très bien reçus au restaurant de la gare où la patronne nous donne tous les renseignements que nous désirons et nous prenons le train pour Charleville. Nous nous rendons au Secours national où madame Lambert, alors directrice, nous accueille bien ; madame Lambert nous fournit de fausses cartes d'identité et de l'argent et nous reprenons le train pour Paris.

À Tergnier (Aisne), nous avons de l'arrêt. Mon camarade Cabourdin Raymond nous quitte pour se rendre chez lui à Sommesous par Montépreux (Haute-Marne). Dans la soirée, nous arrivons à Paris où notre camarade Barcelo Roger, 50 bis rue de la Bidassoa,

Paris, nous quitte ; mon camarade Gerra et moi nous nous rendons chez un de mes amis, M. Charles Mares, 22 rue Pastourelle à Paris ; il nous héberge et le lendemain, nous accompagne à Montrichard (Indre) où il nous fait passer la ligne de démarcation puis nous nous rendons à Châteauroux où nous nous faisons démobiliser le 30 octobre 1942.

Oyonnax, le 5 décembre 1948.

Aussi simple que ça. Pour un peu, on les croirait en randonnée…

C'est pourquoi, face à tant de simplicité, mon propre récit veut aller à l'essentiel : raconter comment cet homme est revenu de cette épreuve puis a repris la vie civile de l'après-guerre ; comment, plus généralement, on parvient à panser ses plaies et à laisser la vie reprendre son cours.

*

* *

13 juillet

J'écris ces quelques lignes sur les terres de mon enfance, à Mézériat, en Bresse, au cours d'une soirée d'été en compagnie de mes parents à qui je viens de raconter les étapes incroyables de ce récit.

Il va bientôt falloir rendre le manuscrit, mais l'aventure ne s'arrêtera pas là. Car il s'agit d'une aventure, et elle est humaine, et comme toute vie, elle a été faite de rencontres extraordinaires. Ce parcours a pu être éprouvant tant il a fait ressurgir les souvenirs, mais il a permis de mettre au jour beaucoup de choses sur cette période trouble. Nous ne refermerons pas ce cahier, car l'histoire non seulement a des répercussions, mais elle est si riche d'enseignements. Peut-être de nouveaux éléments viendront-ils prendre place dans cette quête magnifique, celle de la mémoire...

Avec Patrick, nous allons essayer de refaire le parcours de nos héros anonymes. Ce livre aura permis cela, sans être dans le pathos ni le larmoiement. Il est la preuve que la liberté est simplement ce que nous avons de plus cher.

C'est pourquoi, quand j'entends des théâtreux parler de « rire de résistance » face à tel ou tel gouvernement français actuel, je ne peux pas m'empêcher de rigoler au fond de moi. Il y a résistance et Résistance.

*

* *

22 juillet

Au départ, ces notes ne visaient qu'à apporter quelques éléments supplémentaires au précieux témoignage légué par mon grand-père et à faire revivre ce dernier. Mais grâce aux recherches que Patrick et moi avons conduites à partir de nouveaux documents, c'est tout un pan de notre histoire collective qui se reconstitue.

Et ce n'est pas fini. Comme pour donner plus de vérité à la formule de Cocteau sur le hasard, celui-ci va encore intervenir en notre faveur avant que je ne mette un terme, provisoire j'en suis sûr, à nos investigations. C'est une nouvelle fois sur la route de ma tournée d'été qu'il va se manifester, alors que je pars pour donner mon spectacle dans l'Hérault.

Nous passons sur l'autoroute devant la pancarte qui indique Le Grau-du-Roi. Me revient alors en mémoire qu'Olivier, le petit-fils de Jean Campos, le camarade de captivité rapatrié à cause de son asthme, habite ici. Pourquoi ne pas l'inviter à mon spectacle, puis passer un moment ensemble et discuter de notre passé familial ? Je décide de l'appeler. Il ne peut malheureusement pas se déplacer pour le show, mais propose que nous nous rencontrions le lendemain puisque Le Grau-du-Roi se trouve sur la route qui me mène à mon gala suivant. Olivier m'assure vouloir me remettre le carnet de son grand-père en main propre.

Comble du hasard, il se trouve que Patrick Bertrand se trouve lui aussi dans la région pour le week-end. Le rendez-vous est fixé. Je les retrouve tous deux. Olivier parle de son aïeul comme de la personne ayant le plus compté dans sa vie. Il s'accorde aussi à dire que le devoir de mémoire constitue un absolu. Son grand-père, comme le mien, lui racontait « sa » guerre, évoquait la résistance à Lyon, la personnalité de Jean Moulin, sous les ordres de qui il était placé.

J'écoute avec la plus grande attention ce témoignage du petit-fils Campos. Comme pour sceller des destins étonnamment proches, Olivier m'annonce être né le 26 décembre 1967 ; nous avons donc trois jours de différence… Il est d'ailleurs probable que nous nous soyons croisés, tout comme Patrick, durant notre prime enfance.

Nous décidons d'immortaliser cet instant de retrouvailles. Près de soixante-dix ans après les aventures décrites dans les carnets, voici trois petits-enfants des grands-pères détenus qui figurent pour la première fois sur le même cliché. Et nous nous promettons, en nous quittant, que ce ne sera pas la dernière.

*
* *

Olivier a tenu sa promesse téléphonique. Il m'a remis le précieux carnet que son grand-père lui avait dédié, tout comme le mien l'avait fait avec moi. Il y relate les événements terribles vécus au début du conflit. Un point me frappe à la lecture de ce récit d'une précision étonnante, alors même que j'essaie de faire le parallèle avec celui de mon grand-père. J'en ai maintenant la certitude : ils sont partis tous les deux au front depuis Bourg-en-Bresse, en compagnie de quelques autres qui formaient, comme l'écrit Jean Campos, « la grande famille des copains de Bourg ». D'autres détails font tilt : la consigne « Raser les murs », les tirailleurs sénégalais, les premiers camps, l'arrestation, tout colle. Nous possédons désormais deux visions du conflit, aussi bouleversantes l'une que l'autre.

Le carnet du grand-père Campos est plus court que celui de Julot. Surtout, il s'arrête le 30 juillet 1940, avec le départ de milliers de prisonniers pour l'Allemagne. Il reste que la vision qu'il donne de la France et de son armée en mai et juin 1940 fait froid dans le dos. Du début jusqu'à la fin, Campos fait plus que relater les faits ; il ouvre sur une réflexion morale. Comme il l'écrit à la fin de sa préface : « Je voudrais que ce récit vous fasse haïr à jamais les guerres. Car une bonne entente est préférable à cette horreur qu'est la guerre. »

C'est la même anarchie que décrivent les deux carnets. Ainsi, il faut attendre le 11 juin pour que Campos et ses camarades découvrent, contre toute attente, qu'ils se trouvent en première ligne ! Leur compagnie se trouve alors à Berru, dans la Marne :

> *Nous apprenons la vérité sur notre position. Devant nous, c'est-à-dire au-delà du bois de Berru où nous avons deux compagnies, pas de troupes françaises. Nous nous trouvons en première ligne, et c'est nous qui devons arrêter l'avance ennemie ! […] Nous sommes prêts à subir le choc. Les chars sont déjà visibles à la lunette.*

On imagine le désarroi de ces jeunes gens à peine formés à l'art militaire, ballotés d'ordres en contre-ordres, ignorants tout de la situation exacte des deux armées, et finissant par découvrir qu'ils se trouvent à quelques centaines de mètres des forces allemandes. Ce jour-là, ils font d'ailleurs acte de bravoure et parviennent à retarder l'avance ennemie. Le repli leur fait découvrir une France plongée dans le désastre. Campos écrit :

Tous les villages que nous rencontrons sont anéantis par les tirs d'artillerie, par les bombardements, et en feu. Sur les routes des centaines de chevaux sont étendus éventrés. Les bombardements par avion n'arrêtent plus. Sur le bord des routes de nombreux soldats sont tués, impossible de les enterrer. Il faut marcher, fuir sans arrêt.

La fuite prend fin six jours plus tard, le 17 juin, à Montbard, lorsque Campos et ses compagnons sont faits prisonniers. Le journal s'arrête le 30 juillet, jour de son départ en train pour l'Allemagne. Revient alors la même affirmation pacifiste que dans les premières lignes :

Quand nous rentrerons chez nous, nous lutterons contre cette horreur qu'est la guerre. Nous estimons que toutes les questions peuvent se résoudre autrement que par les armes. Combien serait plus belle une bonne entente entre les peuples ! Nous avons souffert de la guerre, comme nos pères ont souffert de celle de 1914-1918, et nous souffrons encore, mais nous jurons que nos enfants n'auront pas à souffrir de cela ! (...) Nous, les combattants de 1939-1940, nous le promettons. Notre devise sera : « Entente entre les peuples. »

Avec ce cahier familial, Olivier nous a fourni un apport précieux dans la reconstitution de notre puzzle. Qu'il en soit chaleureusement remercié. Nous sommes désormais trois à transmettre, tels des passeurs passionnés, les faits d'armes de nos héros, ces « vagabonds de l'honneur » qu'évoquait le grand résistant Pierre Jeanjacquot.

Le pays natal

Après cette grosse tournée dans toute la France et une émission quotidienne à la radio, je décide de prendre quelques jours de repos en Haute-Maurienne, où je possède un chalet. Ce n'est pas un hasard. J'ai toujours été attiré par cette région des Alpes aux mille espèces de fleurs. Autre tropisme de mon enfance : Papou est né dans cette vallée, précisément au Freney. Comme ma grand-mère l'avait noté : « C'est quand même fou, tu retournes sur les traces de ton grand-père ! »

Elle n'avait pas tort. J'ai beau aller et venir, jouer aux quatre coins de la France, rencontrer des tas de gens, je reste de là-bas. Mes parents sont revenus y vivre. Je suis fidèle aux amis de mon enfance, comme l'était mon grand-père. Deux d'entre eux m'accompagnent dans mes tournées : Franck, mon ingénieur du son, et David, mon pianiste. Au sujet de ce dernier, j'apprends dans le livre du colonel Romans-Petit que son grand-oncle Prosper Mignot fut un grand résistant dans les maquis de l'Ain. Décidément !

*
* *

Sur la route, je décide de m'arrêter afin de rendre visite à mon grand-oncle Raymond, le dernier survivant de la fratrie, et son épouse Mado, dans l'Ain, à la limite de la Savoie, au pied du Colombier. C'est ici que les parents Gerra, mes arrière-grands-parents, Célestine et Louis, ont vécu avec une partie de leurs enfants. Raymond, dit Momon, est le petit dernier. On l'appelait « la souris ». Il avait douze ans de différence avec mon grand-père.

Je lui demande, bien évidemment, si son grand frère Julot lui parlait de sa captivité, de son évasion, de la Résistance. Il me répond que non. Ce qui ne me surprend pas trop. Au sortir de la guerre, ceux qui l'avaient vécue avaient tendance à ne pas en parler à leurs proches ; mon père lui-même n'a guère entendu de récits de guerre dans son enfance. Raymond se souvient juste de ne pas avoir reconnu son frère lorsqu'il est rentré. En cinq ans, on change, surtout quand ce sont des années de guerre et d'emprisonnement.

Je pense toutefois que mon grand-père n'avait pas de rancœur pour ces cinq années qui auraient pu gâcher une partie de sa jeunesse. Il avait une autre façon de voir les choses, une forme exemplaire de sagesse et, avec autrui, une relation toujours souriante et généreuse. On me dit souvent que j'ai le même sourire que lui et c'est là ma plus grande fierté. Les paroles de Serge Lama me reviennent en mémoire. Elles définissent aussi bien le grand-père que le petit-fils que je suis.

Être toujours de bonne humeur,
Quels que soient le moment et l'heure
Et même si tu as le cafard.

Lors de mon premier Olympia, il y a seize ans, ma grand-mère et mes parents m'ont offert une photo de mon grand-père. Elle le montre à 17 ou 18 ans, sur son vélo. Cette photo m'accompagne toujours, où que j'aille en tournée, posée dans ma loge. C'est comme une présence, un porte-bonheur. Une relation d'une force impressionnante.

Je vais mettre le cahier de mon grand-père au coffre, je pense. Il a toujours été avec moi, dans toutes les maisons que j'ai habitées, à mes côtés. J'avais peur de perdre ce texte qui était comme la fierté de toute la famille et de ceux qui l'avaient lu. Je conserve cette peur. Le perdre, ce serait perdre une partie de moi-même, de mon passé, de mon enfance heureuse au côté de ce grand-père formidable. Désormais il va renaître grâce à cette publication. L'un des rêves les plus forts de ma vie.

*
* *

Lors de mon passage dans l'Ain, auprès de Mado et Raymond, nous avons eu la visite de Mimi, fils d'Yvonne, la sœur de mon grand-père Georges. Je lui pose la question rituelle : quels souvenirs garde-t-il de son oncle ? Immédiatement il me parle de sa passion pour la nature. « Viens, j'ai quelque chose pour toi », lui disait-il en riant, et ils allaient tous les deux ramasser des pierres fossilisées dans le lit asséché de la rivière voisine. Puis il me relate cette anecdote : « Et je me souviens bien de toi petit, car tu étais toujours en costume. »

J'avais oublié ce détail. Pour les grandes occasions, comme aller au restaurant ou assister à un spectacle, mes grands-parents tenaient à ce que nous soyons bien habillés. J'ai aussi gardé cela de l'enfance, par respect pour le restaurateur ou l'artiste : je n'hésite jamais à mettre un costume.

Alors que, déjà très malade, mon grand-père se préparait à rentrer à l'hôpital, je le vis nouer sa cravate. Curieux, je lui demandai :

— Tu vas où, Papou ?

— Je vais au ciel.

— Mais qui c'est qui va te pousser ?

Au ciel, il est monté, au printemps 1977. Il adorait les marguerites, et plaisantait encore, même quelques mois avant : « Si je meurs en hiver, vous serez bien emmerdés pour trouver des marguerites ! »

Il est parti juste au moment de leur éclosion. Il a rejoint sa dernière demeure depuis sa maison au son de la fanfare. Et moi, chaque printemps, je lui porte un bouquet de marguerites.

Annexes

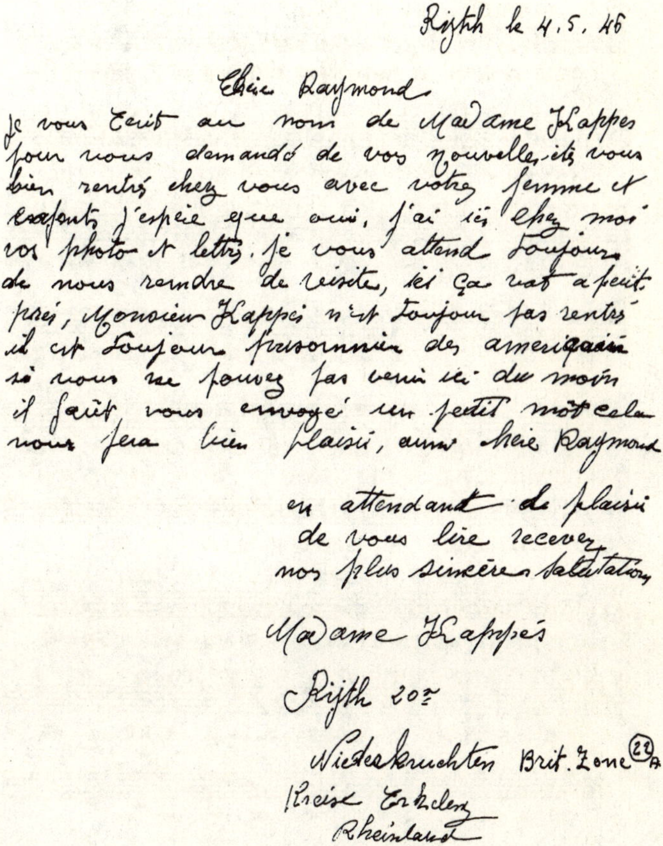

Rijth le 4.5.46

Chèr Raymond

Je vous écrit au nom de Madame Kappes pour vous demandé de vos nouvelle, étés vous bien rentrés chez vous avec votre femme et enfants j'espère que oui, j'ai ici chez moi vos photo et lettrs. je vous attend toujours de nous rendre de visite, si ça vat a peut près, Monsieur Kappes n'est toujour pas rentré il est toujour prisonnier des americain si vous ne pouvez pas venir ici du moin il faut vous envoyé un petit mot cela nous fera bien plaisir, ami chèr Raymond

en attendant de plaisir
de vous lire recevez
nos plus sincères salutations

Madame Kappes

Rijth 20

Niederkruchten Brit. Zone (22)a
Kreise Erkelenz
Rheinland

Lettre d'une Allemande connue
pendant l'emprisonnement en Allemagne.

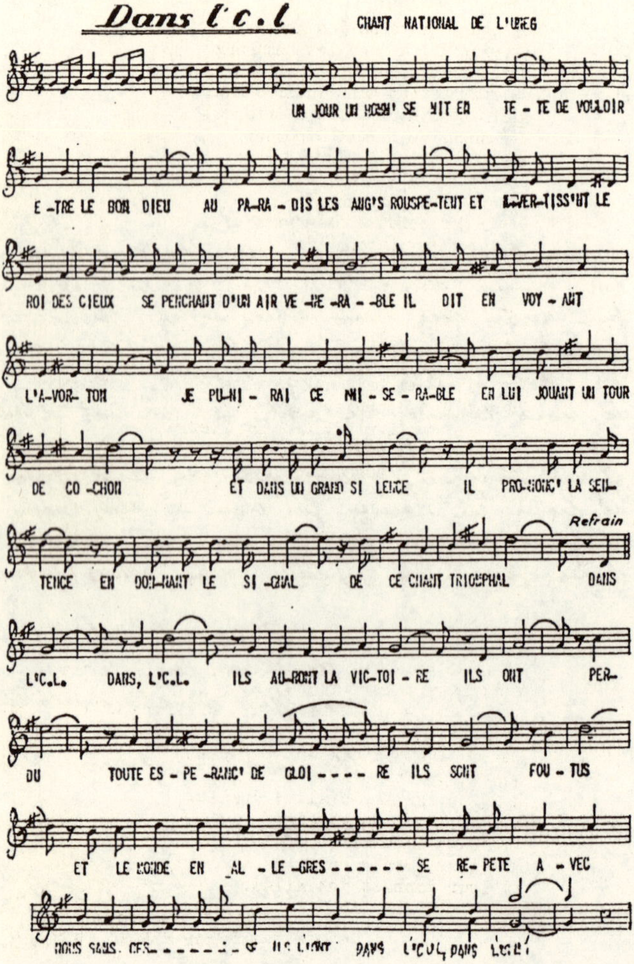

Musique de la chanson des évadés.

2

Ce chant traversa les nuages
Et s'infiltra dans les cerveaux
Des terriens qui, perdant courage,
Se réfugièr'nt dans le Très-Haut.
Alors sensibles à leurs prières,
Les anges se mirent à genoux
Et demandèr'nt à Dieu le Père
De donner la Victoir' pour nous ;
Géhova tout puissant
Dit : d'accord, mes enfants ;
Et les cieux entonnèr'nt
En choeur avec la terr'

3

Pourtant un coin de la planète
Etait resté silencieux
Ils virent en baissant la tête
Un tas de prisonniers soucieux.
Alors l'bon Dieu dit à Saint Pierre :
Tu vas partir avec les clés,
Pendant que j'arrêt'rai la guerre,
Tu leur rendras la Liberté.
Mais avant de partir,
Fais leur donc parvenir,
Pour leur donner confiance,
Cet Hymne d'espéranc'.

4

Saint Pierre au nom de l'Eternel,
Délivra tous les prisonniers,
Mais il vit en faisant l'appel,
Qu'il en manquait plusieurs milliers.
Il demanda à l'entourage,
Où les absents étaient passés.
On lui apprit qu'avec courage,
Tous ces gars s'étaient évadés,
Et sur tous les chemins,
Ils chantaient ce refrain,
Qui leur venait du Ciel
Et leur donnait des ailes.

Paroles transmises
par Roger PERONO, U.N.E.G.

Paroles de la chanson des évadés.

Dessin original et inédit de
notre regretté camarade EVADE

Pierre DENIZOT

Menu d'un repas partagé entre
les Anciens prisonniers après la guerre

MENU

-o-0-0-o-

KIR ET AMUSE BOUCHE

-o-0-0-o-

FOIE GRAS MAISON & SA BRIOCHE TIEDE

FILET DE SANDRE à la CREME de BASILIC

DEMI PIGEONNEAU ROTI SUR CANAPE

GRATIN DAUPHINOIS & LEGUMES VERTS

FROMAGES PLATEAU

OU

FROMAGE BLANC à la CREME

SOUFFLE GLACE au GRAND MARNIER

CAFE

-o-0-0-o-

VINS

SAINT VERAN BLANC

CROZES HERMITAGE ROUGE

BUGEY BRUT

-o-0-0-o-

SECTION de L'AIN de L'U.N.E.G.

ASSEMBLEE GENERALE

18 AVRIL 2002

HOTEL du LAC

01000 - SAINT DENIS les BOURG

-o-0-o-0-o-

AMICALE des PRISONNIERS de GUERRE EVADES et REFRACTAIRES

REPAS D'AUTOMNE
MARDI 21 NOVEMBRE 2066

Restaurant du Lac
Saint Denis les Bourg

" Dessin de notre regretté Ami Evadé Pierre Denizot "

Menu d'un repas partagé entre
les Anciens prisonniers après la guerre

MENU

✡✡✡✡

Apéritif Kir et Amuse-bouche

✡✡✡✡

* Soufflé de truite aux queues d'écrevisses et son velouté d'herbes

* SALMIS de PINTADEAU aux PLEUROTES

* GRATIN DAUPHINOIS

* Fromage blanc à la crème ou platea

* Soufflé glacé au Grand Marnier, tuiles aux amandes

* Café

✡✡✡✡

Vins

Blanc Chardonnay du Bugey

Rouge Côtes du Rhône Coudoulis

Pétillant du Bugey

Remerciements

Je tiens à remercier :

Bruno Tessarech qui a su faire resurgir et mettre en ordre tous mes souvenirs – quelle belle rencontre !

Patrick Bertrand, sans qui cette enquête n'aurait pas été aussi riche et passionnante, merci à son père et à son oncle pour leurs témoignages,

Olivier Calvano, qui sait ce que l'amour d'un grand-père représente et grâce à qui nous avons pu étoffer notre récit via le carnet de Jean Campos,

Christelle, qui a été à mon côté tout au long de ce travail d'investigation, en y participant généreusement,

Mary Leroy, qui m'a embarqué dans cette aventure passionnante,

Marie Campos, Paul Perdrix, Gilles Bressot, Claude Barcelo, Jean-Charles Déronzier, André et René Cabourdin pour leur aide précieuse,

Franck Saurat, Isabelle et Patrick Sabatier qui sont à l'origine de la première édition du Carnet,

Mes parents, Nicole et Nanou, bien évidemment,

François Belay, l'ami de la famille qui lui ausi m'a fait débuter dans l'Ain,

Catherine Brice, passeuse de textes et de documents,

Franck Perrot, le passeur de cahier, mon camarade depuis 38 ans,

Colette Ladre, la sœur de Mamie, la passeuse des lettres d'amour,

Mado et Raymond Gerra, ainsi que Frédéric et Mimi,

Christian Carion, avec qui j'ai passé des moments inoubliables au côté de sa maman, pendant le tournage d'*En mai, fais ce qu'il te plaît*,

Lamine grâce à qui j'ai pu faire ce détour au Grau-du-Roi,

Mes amis, à qui j'en ai parlé et qui m'ont toujours encouragé sur cette voie du souvenir,

Enfin, ce livre est dédié à tous ces hommes et femmes qui se sont battus pour la liberté, à la Résistance « l'Armée secrète », aux anonymes courageux qui ont apporté leur pierre à l'édifice, à tous les héros de la Deuxième Guerre mondiale.

Table

De droite à gauche : Pétrus (radio),
Cotin dit Coco (chef instructeur), Georges Gerra
dit Julot (radio), Vermorel dit Clo-Clo (caporal instructeur)
et Déronzier dit Charlot (premier radio).

11649

Composition
NORD COMPO

Achevé d'imprimer en Slovaquie
Par NOVOPRINT
le 12 mars 2017.

Dépôt légal : avril 2017.
EAN 9782290135976
OTP L21EPLN002016N001

ÉDITIONS J'AI LU
87, quai Panhard-et-Levassor, 75013 Paris

Diffusion France et étranger : Flammarion